[英国]克里斯托弗·J.贝里 著 李瑶光 译

亚当·斯密

牛津通识读本·

Adam Smith

A Very Short Introduction

译林出版社

图书在版编目（CIP）数据

亚当·斯密 / （英）克里斯托弗·J. 贝里 (Christopher J. Berry) 著 ; 李瑶光译. -- 南京 : 译林出版社, 2025. 1. -- (牛津通识读本). -- ISBN 978-7-5753-0364-4

Ⅰ. F091.33

中国国家版本馆CIP数据核字第20249YF611号

著作权合同登记号　图字：10-2020-86 号

亚当·斯密　[英国] 克里斯托弗·J. 贝里 / 著　李瑶光 / 译

责任编辑　陈　锐
装帧设计　景秋萍
校　　对　梅　娟
责任印制　董　虎

原文出版　Oxford University Press, 2018
出版发行　译林出版社
地　　址　南京市湖南路 1 号 A 楼
邮　　箱　yilin@yilin.com
网　　址　www.yilin.com
市场热线　025-86633278
排　　版　南京展望文化发展有限公司
印　　刷　江苏凤凰通达印刷有限公司
开　　本　890 毫米 × 1260 毫米　1/32
印　　张　8.25
插　　页　4
版　　次　2025 年 1 月第 1 版
印　　次　2025 年 1 月第 1 次印刷
书　　号　ISBN 978-7-5753-0364-4
定　　价　39.00 元

序 言

罗卫东

1723年出生于苏格兰的亚当·斯密，是那个时代著名的学者、思想家。在他身后长达两个多世纪的时间里，绝大多数人只记得他是《国富论》的作者，是英国古典政治经济学的主要创始人；却很少有人知道斯密写过《道德情操论》这本书。当然，几乎没有人认为斯密会写出天文学史这样的作品，或讲授过逻辑学、修辞学、文学之类的课程。可以说，直到20世纪下半叶，斯密在世人心目中的形象是单一而清晰的，他是一个主张自由放任主义的经济学家。

在政治经济学领域，人们对斯密的认知，既不是始终如一，也并非完全一致，而是随着社会变迁和学术界对其研究的不断深入而存在分歧并处于变化之中的。《道德情操论》出版之前，斯密是格拉斯哥大学的道德哲学教授，一位热衷于传道授业解惑、深受学生喜爱的名师。1759年以后，人们就以《道德情操论》的作者来称呼他。这本书因其主题重要、内容得体和文笔儒雅而为其作者在英国博得了好名声，甚至在巴黎这个当时的世界文化学术中心也引起了相当的反响。彼时，应该不会有人相信斯密将以其在政治经济学方面的巨大贡献而载入史册。

《国富论》出版之后，斯密的道德哲学教授身份几乎一夜之间就被人忽略了。这时候的《道德情操论》虽然像是一颗体量和光度都更惊人的系外恒星，但被《国富论》这个光芒四射的太阳遮蔽了。此后，斯密便以政治经济学家的角色登上历史舞台，站到了聚光灯下。得益于长期担任英国首相的小威廉·皮特等一批精英信徒的力挺和加持，斯密的政治经济学理论在英国成为权威和主流，影响着大英帝国的立法与政策制定，并成为占主导地位的时代观念。

法国人让-巴蒂斯特·萨伊在其1803年出版的名为《政治经济学概论》的著作中，把《国富论》做了更为清晰而简化的加工，形成了一个系统的自由放任主义经济理论，这本书也成为欧洲大陆最重要的《国富论》普及读物，产生了很大的影响。萨伊因此被大卫·李嘉图称为“大陆著作家中首先正确认识并运用斯密原理的人”。主要是由于萨伊的努力，斯密作为自由市场经济观念的体系性创立者和最重要维护者的形象就被历史性地确立起来了。

随着英美作为自由资本主义体系在不同时代的巨大经济成功及其全球扩张，亚当·斯密及其学说的影响力也与日俱增，牢固地占据了经济学主流的核心地带，并且逐渐与资本主义经济的意识形态融为一体。在这个意义上，说斯密是现代资本主义经济体系的塑造者，并非过誉。2003年，他的头像被印在20英镑纸币上，与莎士比亚、牛顿、达尔文等世界文化与科学巨人同列。这是他的祖国对其巨大而持久的历史性贡献的官方认可。

斯密体系中关于劳动价值论的思想被大卫·李嘉图加以发挥和改进，并在马克思那里得到了进一步的改造，成为批判的政治经济学的理论基石。斯密也因为这一点又成为马克思主义的思想来源作者之一。通过马克思，斯密又对19世纪中叶开始的欧洲社会主义运动，以及20世纪的共产主义革命和建设运动产生了间接的影响。

就其经济方面的理论和政策主张而言，斯密的国际形象存在争议。在欧洲大陆国家，斯密提出的理论和政策主张，被接受的程度总体上不如英国，尤其是在德国，斯密遭遇了极为尖锐激烈的批判。历史学派经济学家断然否认斯密的学说具有超越国家、民族和历史文化的普遍意义。自由放任学说被当作有害于后进国家经济发展的意识形态予以否定。德国人甚至从人品上质疑斯密，抓住《国富论》与《道德情操论》两部著作之间的所谓"矛盾"大做文章，认定斯密是一个不诚实的人，《国富论》的思想主要来自法国重农学派，而非其原创，斯密只是一个自由放任思想的英语版改写者。在这个方面，受历史学派影响的约瑟夫·熊彼特在《经济分析史》这部名著中对斯密的贡献表达了不够客观的过低评价。

政治经济学的核心观念之争，从来就不是纯粹的科学之争，而是夹杂着意识形态倾向和价值偏好的理论对垒，斯密的命运由此也被时代风云所裹挟而变幻不定。20世纪30年代以后，凯恩斯主义盛行，斯密作为经济自由主义者的形象被凯恩斯的光芒所遮蔽，变得暗淡模糊。直到60年代凯恩斯主义陷入危机，此后，斯密则又被自由主义经济学家恭请出来作为偶像祭拜。

从当代经济学作为"分析科学"的标准来衡量，亚当·斯密的古典政治经济学似乎已经没有多少价值，只可作为“学术文物”陈列在思想博物馆供后人瞻仰。这意味着，斯密即使被安置在经济学殿堂祖先牌位的C位，也只是一种符号和象征。在当下大多数经济系师生的眼里，《国富论》是一部早已过时的教科书，不值得花时间去认真阅读。总之，当代经济学科中的亚当·斯密，似乎已经风干成为一具仅可供人凭吊和缅怀的思想木乃伊。

与此形成有趣对照的是，在经济学科以外，斯密则进入了满血复活的历史时期。伦理学、政治学、社会学、历史学、心理学都开始关注亚当·斯密其人其学。斯密被当作18世纪苏格兰启蒙运动中最重要的思想领袖，斯密研究成为国际思想史界的研究热点。对于同样一个人物，经济学与其他社会科学之间居然持有如此截然不同的看法，实在吊诡。

仔细想一想，也不奇怪。在社会科学日益脱离哲学这个母体，以及社会科学日益学科化的时代，普通的学者已经不太可能整体上把握古典时代思想家的思维方式和思想成果。一个专业化时代的学科从业人员，可能穷其一生也无法准确理解一个经典作家思想的有机性和整体性。只有当人们开始对这种专业化学术进行反思和批判，才有可能为理解前辈学者的总体性思考创造条件与环境。

当今，国际学术界关于亚当·斯密到底是什么人，以及如何评价斯密在思想史上的地位、作用和贡献的讨论，还在持续进行着。虽然尚未形成完全一致的意见，但随着研究的深入，人们越来越意识到，此前亚当·斯密仅仅被定义为古典政治经济学家，是严重低估了他的重要性和意义。作为18世纪苏格兰启蒙运动的代表人物，其思想的丰富和深刻程度，绝非某一个专门的学科所能涵盖和体现。不仅如此，有识之士也认识到，斯密的思想不但具有思想史意义，而且具有很显著的现代意义和现实意义。

正因为斯密思想的丰富性、深刻性以及历史性，当代人要完整、内在、准确地予以理解、把握，就不是一件容易之事。要将其思想脉络和理论体系框架梳理出来，既需要熟悉斯密本人的全部著述，也要涉猎那个时代思想家群体的问题意识、学术关系和理论样貌，若非专门从事相关思想史研究的优秀学者，要做到这些方面几乎不可能。

迄今为止，以斯密为对象的传记和研究性著作已有不少。斯密去世后不到三年，他的学生斯图尔特就写了一本题为《亚当·斯密的生平与著作》的小册子，在很长时间里，这本薄薄的小书几乎可以说是除了《国富论》和《道德情操论》以外人们了解斯密的唯一管道。在19世纪，曾经出现过至少三部关于斯密的传记作品：法莱尔的《亚当·斯密》（1887）、赫德恩的《亚当·斯密生平》（1887）以及约翰·雷的《亚当·斯密传》（1893）。到了20世纪，又有几部传记问世，其中在学术界影响较大的是斯科特的《学生与教授时期的斯密》（1937）、拉法埃尔的《亚当·斯密》（1985），以及于1995年出版的罗斯的《亚当·斯密传》第一版。随着国际学术界斯密研究的复兴，以斯密为主题的作品也越来越多。在20世纪末以前出版的这些传记性著作中，我个人认为最有代表性、影响也最大的是三部，即斯图尔特、雷和罗斯的作品。不知是巧合还是有意为之，这三部传记的问世时间刚好间隔一个世纪。

斯图尔特是亚当·斯密的学生，是迄今为止的作者中唯一与斯密有长期交往的人。他的记载虽然简短，但很多都是第一手的材料，可信度很高。作者虽然饱含对传主的崇敬之情，但语言朴素平实，记录一些重要的细节又颇为传神。该书问世之后，就成为研究亚当·斯密的可靠史料。

约翰·雷的传记自出版以后一直被公认为是最详尽、最优秀的关于斯密的传记作品，但它对斯密的思想，尤其是他的学术思想发展的分析相对比较欠缺。雷本人是记者，对斯密的生活、逸事、亲友关系、通信往来，甚至未必有确据的传闻的描写，都十分着意且行文流畅明晰，引人入胜，饶有趣味，可读性最强，故读者面极为广泛，影响巨大。

伊恩·罗斯是一名以研究休谟和斯密为生的著名思想史学者，他撰著的《亚当·斯密传》体现了知识考古学家的专长，即专注于史料的收集、考订和连缀。罗斯极为严谨慎重地对待大量关于亚当·斯密的重要原始文献和研究文献，力争做到取舍合理。这部字数达80万的传记，在文采上似乎无法超越雷的作品，但作者爬梳丰富史料的努力，以及巨细无遗的考据功夫令读者印象深刻。不仅如此，这部传记还为解决若干思想史上悬而未决的争论提供了十分重要的文献线索。在这个意义上说，罗斯的《亚当·斯密传》对专业学者的帮助也许更大。

进入21世纪之后，以斯密为题材的著作依然频频问世。仅在最初的二十年，据不完全统计，英语国家就有数十种亚当·斯密的传记或专著问世。其中译成中文的有詹姆斯·布坎的《真实的亚当·斯密》（2005）、盖文·肯尼迪的《亚当·斯密》（2007），还有尼古拉斯·菲利普森的《亚当·斯密的思想之旅》（2021）和杰西·诺曼的《亚当·斯密传》（2023）等。

如今，牛津大学出版社作为国际顶尖的权威学术出版社又出版了克里斯托弗·J.贝里的《亚当·斯密》，译林出版社第一时间推出双语本，在研究和解读斯密生平思想的百花园中，增添了一朵新葩。

贝里的《亚当·斯密》虽然是一部小型通识读物，但作者在有限的篇幅里面，把斯密其人其学作了简练、准确而又通俗的讲解，呈现出了斯密丰满而又深刻的思想家的整体形象。我觉得，与同类题材的作品相比，这本《亚当·斯密》的思想密度要高很多。尤其要指出的是，作者对亚当·斯密的《哲学论文集》、《道德情操论》和《国富论》这三部主要作品之间关系的解读，在我看来是最为连贯和融洽的。文字看似轻松，内涵却深刻丰富。没有厚实的学术底蕴，是写不出这样的导读的。对于不了解斯密思想的人，本书提供了可靠的、优质的导览。而对于思想史学术同行来说，本书也值得一读，因为作者对斯密的理解达到了相当的深度，其中的不少论断值得认真对待。

本书的作者克里斯托弗·J.贝里是当代著名的苏格兰启蒙运动研究专家，出版过多部学术专著。他在斯密研究方面的成绩也令人印象深刻。贝里退休前是格拉斯哥大学政治理论荣誉教授和荣誉研究员，是爱丁堡皇家学会（苏格兰的“国家学院”，亚当·斯密是其创始人之一）的会员。他的著作包括《苏格兰启蒙运动中的商业社会观念》（2013）、《苏格兰启蒙运动的社会理论》（1997）、《奢侈的概念：概念及历史的探究》（1994）等。他最近出版的著作有《休谟、斯密和苏格兰启蒙运动随笔》，这是他过去作品的选集。他曾多次应邀在欧洲大陆国家、美国、日本、中国以及智利、巴西等国举办系列讲座。邀请贝里来撰写斯密的通识读本，是牛津大学出版社的明智之举。

在亚当·斯密诞辰300周年之后不久，出版这部“牛津通识读本”的中译本，也是很有纪念意义的，相信这本书能够帮助中国读者更加准确和深入地理解亚当·斯密。

是为序！

目　录

致 谢

感谢艾德里安·伯查尔不厌其烦地扮演“目标读者”的角色，他反馈的意见对本书成文有极大帮助。我有时强行让我的家人（特别是“另一个克里斯”）对本书的风格、遣词和“感觉”提出意见，对此我深表歉意和谢意。当然，我也欠下了整个斯密学术团体一份人情，特别要感谢克雷格·史密斯为第七章所做的贡献。最后，感谢安德莉亚·基根邀请我撰写本书，以及珍妮·纽吉后续的支持。这是一次令人愉快的挑战。

文献简称

本书中采用了以下简称并后附页码。这些简称均指格拉斯哥版的斯密著作，由印第安纳波利斯的自由出版社出版。

“语言思考”（“关于语言最初形成的思考”），收录于《修辞文学演讲》

《书信集》（《亚当 · 斯密书信集》），E. 莫斯纳、I. 罗斯（编），1987年

《哲学论文集》，W. 怀特曼（编），1982年

“天文学史”（“天文学史所表明的引领和指导哲学探究的原则”），收录于《哲学论文集》

“模仿艺术”（“关于模仿艺术”），收录于《哲学论文集》

《生平》（《亚当 · 斯密的生平与著作》），杜格尔德 · 斯图尔特（著），收录于《哲学论文集》

《法学演讲》（《法学讲稿录》），R. 米克、D. 拉斐尔、P. 斯坦（编），1982年

《修辞文学演讲》（《修辞学和纯文学讲稿录》），J. 布赖斯

（编），1985年

《道德情操论》，A. 麦克菲、D. 拉斐尔（编），1982年

《国富论》（《国民财富的性质和原因的研究》），R. 坎贝尔、A. 斯金纳（编），1981年

图1　亚当·斯密的版画(1790),作者:约翰·凯

第一章

生　平

亚当·斯密是经济学史上一部伟大著作——《国富论》——的作者。但这本书现在少有人读，即便是那些经济学家读得也少，他们乐于在嘴上把他誉为该学科的“开山鼻祖”。宽泛地讲，一提起他的名字就会让人想到鼓励利己、反对政府干预市场，这二者叠加在一起将创造财富和自由。有些人赞同，认为斯密所提的准则是个人和社会幸福的基础。另外一些人则反对，认为斯密所提准则的核心是社会不平等与剥削。但是，双方的看法都过于简单了。一则，《国富论》是一本宏大、复杂的著作，不能缩略成一个简单的结论。再则，斯密的贡献远不止于一本经济学原理著作。他写了一本重量级的伦理学专著，出版过一部极为博识的天文学史，并且是一位十分注重语言风格以及口头和书面交流技巧的作家。

生平梗概

亚当·斯密1723年出生于苏格兰东部海岸的柯科迪。他父

亲也叫亚当，是一位律师，在斯密出生前六个月就去世了。他的
1 母亲（玛格丽特）没有再婚，在她的漫漫人生中，亚当是她挚爱的儿子，她卒于1788年，只比亚当早两年。斯密第一本传记的作者杜格尔德·斯图尔特认识斯密，掌握的信息比其他人多。这位作者说亚当是个体弱多病的孩子，得到了母亲的悉心照料，而亚当也穷其一生尽心尽责地回报了他母亲。

他约8岁时进入当地学校读书，并从一位新来的严苛而热忱的男老师那里受益良多。斯密1737年进入格拉斯哥大学学习，年仅14岁，但在那时候这个年龄上大学并非异乎寻常。他在中学期间已熟知古希腊与古罗马文化，以至于他实际上可以免修那些初阶的拉丁语、希腊语课程。在格拉斯哥，斯密师从当时的一些知名学者。他最重要的老师是伦理学教授弗朗西斯·哈奇森。在他临终前的一封信中，斯密盛赞了哈奇森作为一名教师和哲学家的品质，尽管斯密在《道德情操论》一书中公开反对哈奇森关于慈善和道德感的观点。

1740年，斯密获得斯内尔奖学金（该奖学金至今仍在），到牛津大学巴利奥尔学院学习，直至1746年。他并不是因为被这个教育机会吸引而去学习的，实际上他在《国富论》中抨击了该学院的教学质量和教师水平。他似乎在那儿都是自学。自学的内容大致包括继续研究科学、培养语言技巧，继而如杜格尔德·斯图尔特所猜测的，发展到"研究与人性相关的所有领域，尤其是人类政治史"（《生平》第271页）。可以基本肯定，他那时读过大卫·休谟的《人性论》，休谟后来成为他最好的朋友。

2 他于1746年回到苏格兰，和母亲一起住在柯科迪，1748年

搬去了爱丁堡。在爱丁堡，受恩于亨利·霍姆的帮助，他被聘请去教修辞学，后来可能还教法律、哲学等课程。亨利·霍姆后来任法官时被封为卡姆斯勋爵。斯密所教的这些课程内容现在没有记录留存下来。当时这些课深受欢迎，他受邀反复教授这些课。或许是因为授课的成功，但更关键的是伊莱伯爵阿奇博尔德·坎贝尔（后为阿盖尔公爵）的支持，斯密于1751年回到格拉斯哥大学担任逻辑学教授。

阿盖尔可以对许多学术职位插上一手，他运用其任免权来激励那些倾向于使苏格兰社会走上现代化道路的人。逻辑学教授还有另一位候选人。尽管选择斯密毫无争议，但他的竞争者（乔治·缪尔黑德）也是一位才华横溢的学者，后来成为东方语言学教授，去了格拉斯哥的人类学系。1752年斯密被聘为道德哲学教授，没有竞争对手，他在这个职位上又工作了十二年，直到他结束大学学术生涯。

斯密教过很多科目。除了哲学和法学外，他也教授历史、文学和语言。他的学生们所记的修辞学和语言学系列课堂笔记已经被发掘出来并出版了，还有两套内容广博的法学课笔记也出版了。斯密做的是口头演讲，因此这些笔记不仅相互大量重复，而且成为他主旨观点的可靠书面记录。由于他"在文学领域公认的声望，尤其是他这些年来在该校教授法学深受欢迎"，1762年格拉斯哥大学授予他法学博士。

斯密出版了两部巨著，他在格拉斯哥执教时就已播下了这两本书的种子。《道德情操论》最初现世于1759年，他一生中做了六次修订。最后一版，包括增补内容，完成于他去世的那一年（1790）。这些修改变化表明，斯密在发表他第二部巨著《国 3

富论》（1776年出版）之时和之外，仍持之以恒地致力于道德哲学研究。尽管彼时斯密已经离开格拉斯哥，从他学生的笔记中可以很明显地看到，在格拉斯哥的课堂里他已经在构思书中的一些重要主题，比如劳动分工。他的学生、后来是他同事的约翰·米勒证实了这一点。据约翰·米勒回忆，斯密讲过“那些赖以谋生的行业，以及促进财富积累的行业，使法律和政府发生了相应的进步或改变”（见《生平》第275页）。

斯密1764年离开格拉斯哥大学，但他并非从此与该校断了联系，1787年他被选为该校的荣誉校长。在致谢信中，他声称记忆中的执教生涯是“人生中迄今最有益，也是最快乐、最荣耀的时期”（《书信集》第309页）。斯密离开格拉斯哥是因为他应聘去了薪资更高的职位，给18岁的巴克卢公爵当家庭教师兼同伴。他是通过公爵的继父查尔斯·汤森德获得这一职位的。

他的第一个任务是将年轻的公爵带到法国，他们住在图卢兹，但他们在那度过的时光鲜为人知。可知的是，他们还在日内瓦住过一阵子。斯密在那儿遇见了最有名的法国作家弗朗索瓦·马里·阿鲁埃（伏尔泰），他住在附近的弗尼，斯密对他评价很高。斯密还到访过巴黎，经引荐，与许多法国启蒙运动的文化人士交际往来，其中有些是女士。在这些人中，他遇到了经济学家安-罗伯特-雅克·杜尔哥和弗朗索瓦·魁奈。后来他曾感
4 谢魁奈帮助他获得有关法国税务的信息（《书信集》第286页）。魁奈是一个思想家团体（重农学派）的领袖，其主要观点是农业是经济稳定的基石。斯密十分熟悉重农学派的观点。魁奈送给斯密一本他所著的《重农主义》（1767）的影印本，斯密在《国富论》里评价他是一位“别出心裁而又深刻的作者”（《国富论》第672

页）。但是，斯密深为反对他们的理论体系。要说这些会面、信件对构建斯密自己的研究分析具有决定性作用，是夸大其词了。

由于和他们一起住在法国的他学生的兄弟于1766年不幸去世，斯密的家庭教师工作因此中断。尽管家教生涯短暂，但斯密得到了一笔可观的补偿（300英镑），这使他不必再忧心于生计。他回到苏格兰，重新回到他母亲在柯科迪的家中，在那里，斯密1780年回忆时说道，他利用那段安静祥和的时光写成了《国富论》。1777年，他搬到爱丁堡（带着他母亲一起），再次在巴克卢的帮助下成为一名海关专员。这一职位薪水颇丰，斯密得以在一所牢固的房子里安家落户，尽管这房子不在时髦的新城区（休谟已经搬到了这里），而是在老城区的修士门地区。这份工作不是一份闲差，斯密过于认真负责地履行职责，以至于他认为这份工作妨碍了他创作“文学作品”，尽管说这话可能有点违心（《书信集》第253页）。

这些作品包括《国富论》和《道德情操论》的修订版。此时，他还试图完成另外两部手稿。其中一部内容是“关于不同类别文学、哲学、诗歌和修辞法的哲学史”，另一部是“关于法律和政府的理论和历史”（《书信集》第287页）。最终他放弃了。这些手稿的内容已不为人知。斯密要求他的遗嘱执行人毁掉他的 5
纸稿。然而，他也的确允许过出版其中的一小部分，即1795年他去世后出版的《哲学论文集》。

虽然丢失了一些素材，但他已出版的著作至今仍广为流传，足以用来对斯密这位作者进行评价。但评价斯密这个人就不敢这么放言了。他不是个勤于写信的人，评价他的人品主要得靠他人的说辞。杜格尔德·斯图尔特所著的《生平》里写得最多。

斯图尔特观察认为，可以打包票说斯密的“个人价值观”是“信任、尊敬和爱戴，他与一生中所有亲朋好友相处时均如此”。他有“许多怪癖”，言外之意，可能是有些不讨喜，只有他的“知心朋友”才能欣赏到“他言语中无以言表的魅力”，以及“他毫不做作的质朴内心”（《生平》第329页）。

随着斯图尔特的进一步描述，一幅画像徐徐展开：这是一个性格内向、沉默寡言的男人，在公共场合往往心不在焉、缄口无言。至于他的外表，斯图尔特只能说“没什么不寻常”，但专门加上了一句，说詹姆斯·塔西制作的侧像圆牌“传神地表现出他的外形”（《生平》第329页）。斯密从未坐着让人画像（这本身在他的朋友中就不常见），除去塔西的作品外，现存只有一幅约翰·凯所作的程式化的纪念版画（见图1）。格拉斯哥大学的雕塑是19世纪“凭想象制作的”，现在爱丁堡的这座（2008）亦如此。

斯密时代的苏格兰

斯密身处什么样的社会？所有的时代都可以说是变革的时代，尽管这是句陈词滥调，但它的确符合18世纪苏格兰的情况。

斯密出生前发生了一系列十分重大的政治事件，这些事件
6 影响深远，他一直生活在这些事件的影响之下。事件起因于17世纪晚期。那时，苏格兰有自己的议会，但一直运转不佳，在“达里恩计划”（议会试图将苏格兰发展为殖民强国）毁灭性破产以及与英格兰贸易争端等背景下，英格兰与苏格兰于1707年成立联合议会。此次联合是在英国人诱骗下苏格兰一些领袖人物的背叛之举，还是出于“摆脱”眼前窘迫困境之需，至今仍然是一

个有争议的学术（和政治）问题。

《联合条约》赋予苏格兰人小部分直接政治权力（仅有上议院16个席位和下议院约8%的补充席位）。但该条约允许苏格兰保留自己的法律体系、宗教管理方式（苏格兰教会）和教义。这些例外规定非常重要，因为这意味着对大多数人而言，最直接的事务仍然掌握在苏格兰人手里。没有了议会，律师成了关键人物。律师们代表他们的主顾，特别是像阿盖尔公爵这样的人物，实际上控制了苏格兰的运转。

安妮女王于1714年去世，英格兰和苏格兰的王位传给了汉诺威的乔治。这次王位继承是《联合条约》里预订的，因为该条约第二款规定，如果安妮正常死亡，那么君主之位应传给汉诺威的索菲亚及她的"新教徒"继承人。该条款重申了1689年协定的内容。这份文件由威廉和玛丽增订而成，此后又被斯图亚特国王詹姆士二世/七世废黜/放弃，该文件规定天主教徒不可接任王位。乔治符合条件，因为他与第一任斯图亚特国王（詹姆士一世和六世）的孙女结了婚，他是关系最密切的新教徒。汉诺威继承王位对苏格兰有极其重要的政治影响。

一些受过良好教育、具有专业技能的苏格兰人写了许多著作，涉及的领域十分广泛，形成了"苏格兰启蒙运动"（正如现在所知），他们都是汉诺威人。这不仅仅意味着支持现行体制，因为这种支持彰显出他们对詹姆士党的反对。詹姆士党人是斯图亚特王朝的支持者，18世纪上半叶经常爆发反对新王朝的活动。反抗活动频繁爆发，表明汉诺威的继承权并非高枕无忧。

1715年和1745年发生了两次最严重的叛乱。1715年的叛乱利用了公众积累的对成立联合王国后无所获益的不满，获得了广泛支持。1745年的叛乱最初对英国造成了较大的威胁，小王位觊觎者“英俊王子”查理的军队向南最远打到英格兰的德比，距离伦敦120英里。詹姆士党人一开始的军事胜利没有得到苏格兰人民的普遍支持，很快形势就反转了。在克劳顿战役（1746）击溃叛军之后，当局有意采取措施破坏苏格兰高地的政治独立。

斯密身处英格兰，远离这片纷乱，在克劳顿战役后才回到柯科迪。毫无疑问，他是忠于汉诺威政权的。在《国富论》中，他主要以苏格兰高地为例，说明不发达经济体和老套法律体系的情况。他明确地提到洛希尔的卡梅伦，说他没有法律授权却可以“对他的人民进行刑事管辖”（《国富论》第416页）。这不是说他这个人恶毒或喜怒无常，而是说由于经济和基础设施未得到改良，因而没有统一和有效的法律体系。

联合背后的动因之一是，苏格兰需要获准自由进入英格兰市场。意识到他们的经济比英格兰落后，苏格兰的主要机构及
8 其成员开始寻求现代化，或者说推进“改良”。最终，到18世纪中叶的时候，联合带来了经济效益，苏格兰迅速发生变化。这些变化中最引人注目的是格拉斯哥的发展。在斯密的学生时代，格拉斯哥的人口约1.7万，到斯密去世时增长到8万人。除农业外，纺织品尤其是亚麻布生产是苏格兰的主要工业。烟草贸易大幅增长，对格拉斯哥的发展起了至关重要的作用，这使之取代布里斯托尔成为主要港口。斯密认识一批格拉斯哥的“烟草大王”。他是格拉斯哥文学协会的会员，该协会主席安德鲁·科克伦就是一位“烟草大王”。至今，格拉斯哥的街道名称中还能找到他们的遗迹，比如格拉斯福德、英格拉姆，还有科克伦。

直到那个世纪的后二十五年，煤炭采掘和炼铁等“重”工业才开始飞速发展。《国富论》中所提出的经济原理不是对应这些产业的。斯密围绕制钉等小型手工作坊阐释其原理。城镇化和纺织品生产的确需要实体基础设施和金融基础设施的支撑。交通依靠马（斯密就是骑马去牛津的）和船。尽管在爱丁堡和伦敦之间有服务相当高效的长途马车，但横贯全国的旅程仍是十分艰辛的。从柯科迪到爱丁堡最便捷的途径是乘船穿越福斯湾，而不是经由陆路和摆渡。

大规模运输必须通过船运，从格拉斯哥到爱丁堡（相距约45英里）意味着要经历一段漫长而危险的海上航程。为此实施了一项“改进”计划，修建一条连接东部福斯河各河口和西部克莱德湾的运河航道。该计划开始于1768年，至1790年完成。这是一项了不起的工程成就。迄今仍在使用的格拉斯哥附近开尔文河上的高架桥，被誉为“世界上该类工程中最了不起的杰作之一”。当然，这些工程建设需要大量资金。许多银行伴随着这项投资需求而生。1772年艾尔银行倒闭，使福斯-克莱德运河的股 9
东面临信心丧失的问题。斯密对这些事件有清晰的认识，在《国富论》中可以看到他对投机商（“项目计划人”）、银行业和金融监管的看法。

官方认可的苏格兰教会政权形式是长老会，属于严格的加尔文教派，英联邦原封不动地保留了这个形式。强制信奉正教的历史由来已久。例如，1696年有一名19岁的学生托马斯·艾肯黑德被判亵渎上帝。然而，改变已无处不在（至少在精英阶层是如此）。苏格兰不设独立议会强化了苏格兰长老会的作用，长老会的大会近似于国家级的辩论论坛。这一作用使其成为政治焦点，并最终促使苏格兰教会和苏格兰启蒙运动达成了某种互谅。威廉·罗伯逊本人就是生动的体现。他任爱丁堡大学校长逾三十年，也是教会派系现代化改革的领袖人物，被称为“温和派”。通过斗智斗勇，这群志趣相投的“现代化者”致力于“改良”，设法成了大会里的多数“派”。这令温和派能够控制教会选任的牧师们赞同改良和“启蒙”。斯密与改良派的领袖们交好，这个圈子里有各色人物，其中包括被认为是“异教徒”的大卫·休谟。

除了休谟这个特例以及凯姆斯等上议院法官，其他苏格兰启蒙运动的思想家都像斯密一样是大学教授。以苏格兰的国土和人口规模而论，这里出现了五所大学——圣安德鲁斯学院、阿伯丁的国王学院和马修学院、爱丁堡大学以及格拉斯哥大学——确实令人震撼。这些大学的传统使命是培养牧师，这个使命延续了一整个世纪，但到彼时，情况发生了变化。

教学体系被重新设计，授课不再用拉丁文（哈奇森是先驱者）。法律教授职位得以设立，爱丁堡大学（1740）和格拉斯哥大学（1760）正式成立了医学院（尽管形式上是一门课程，但医学教育那时已岌岌可危）。这种“强调职业教育的主张”，是适应社会需求变化的表现。法律、医学学科发展的同时，化学和植物学等对促进农业发展（如化肥）和“工业”发展（如亚麻染料）有明显作用的学科也在扩张。但这些大学对智识教育也持开放态度。课程体系变了，尤其引人注目的是接受并宣扬艾萨克·牛顿学说的速度。

苏格兰是个小社会，其主要的法律、教会和学术机构组成了一张网。这些机构的理事会里全是知识精英。有了主要机构里这种精英的参与，苏格兰启蒙运动成为“建构”现代社会中不可或缺的一部分。这种参与进一步表现为俱乐部和辩论会的规模激增，它们为大学、法律界、教会、“进步”贵族和商人（特别是在格拉斯哥）搭建了思想汇集平台。例如，“精英”协会（更正式、含义更清晰的名称是“爱丁堡艺术、科学、制造业和农业促进协会”）的成员包括斯密、休谟、凯姆斯和罗伯逊。尽管有天性腼腆的名声在外，但斯密是几个协会里的活跃分子，其中有兼收“市民和大学师生”的格拉斯哥文学俱乐部，还有兼具欢乐与智慧的爱丁堡牡蛎俱乐部。他是爱丁堡皇家学会（1783）的创始会员之一。 11

一些俱乐部会关注“礼貌”。这反映了新兴的城市文化，因此“文雅”（以及相关的“文明”）成为性格和行为被正面评价的特征。这些是《道德情操论》的主要论题。

启蒙运动：苏格兰及其他地区

毫无疑问，斯密是被彼得·盖伊称为“启蒙运动之家”里的一员。启蒙运动是一场自我意识觉醒的运动。参与者自然是受过良好教育的社会阶层成员，在苏格兰就是那些文人学者。在苏格兰，他们是专业人士，特别是律师、医生、大学教授，在欧洲其他地方亦如此，只有法国是个例外。

启蒙运动没有局限在某个区域，其成员遍布欧洲和北美洲。文人学者们真心实意地参与这场国际对话，认为自己参加的是同一场辩论。这种对话有一种方式是直接交锋。例如，斯密1755年为短命的《爱丁堡评论》写了关于《论人类不平等的起源和基础》的评论，与让-雅克·卢梭进行了对话。

对话的第二种形式是广泛传播相关著作和译作。《国富论》和《道德情操论》两本书被快速译成多国文字，加速了其传播。例如，意大利人通常通过法语版了解到《国富论》。斯密代表其大学购买了丹尼斯·狄德罗的《百科全书》前七卷（始于1755年），很好地诠释了当时那种知识共享传播的氛围。所有苏格兰人都受到夏尔·塞孔达·孟德斯鸠男爵思想的影响，尽管斯密（通常）在其公布的参考书目里鲜有提及孟德斯鸠，但从他的授
12 课笔记中可以清楚地看到他很熟悉孟德斯鸠的著作。

他们自己所作的“光”的比喻，形象地说明了这些自我意识强烈的知识分子关注的核心是什么。光意味着之前的时代是相对愚昧的。用不那么隐晦的语言来解释，这种光明与黑暗的对照，就是知识和理性的一面与无知、偏见、迷信的另一面的对照。奴役、折磨、巫术、宗教迫害等类似的东西，如同黑夜的产物和遗骸，是应当被反对的。

斯密的著作表明他同意这个观点。尽管作为作家他不喜欢表达愤怒，但他清楚奴隶制是罪恶的，毫不含糊地谴责杀婴行为，并猛烈地抨击司法不公。对于最后一种情形，他有切身经历。在图卢兹时，一名加尔文教徒吉恩·卡拉斯被错控谋杀了自己的儿子并被处以死刑（斯密在《道德情操论》的最后一版中补充了有关这一事件的内容）。

科学闪耀的光芒是驱散黑暗的关键。艾萨克·牛顿是那片苍穹中最耀眼的星。牛顿是启蒙运动的英雄人物。简要概述他的成就，就是从行星运行轨迹到苹果自树上落下等一系列自然现象中归结出的几条简单原理（运动定律和万有引力定律）。关键是，这些定律被证明是正确的。牛顿的计算认为地球更像

一个芜菁（两极部分更为扁平）而不是柠檬（两极更长），这与法国数学家、哲学家勒内·笛卡尔的理论体系正相反，而去拉普兰和赤道地区的科考团证实了牛顿的这个观点。彰显牛顿身份地位的一个标志是，称某人的工作堪比牛顿是对该项工作的最高评价。例如，约翰·米勒在《历史评论》（1787）中称斯密是“政治经济学领域的牛顿”，因为他揭示了商业原理。斯密同样 13
具有启蒙运动式的热忱，他广博的天文学知识即是力证。

苏格兰人信仰进步。这种信仰要求对经年累月的社会变革作记述，苏格兰启蒙运动的大部分作品践行了这一使命。斯密的大学演讲报告具有这样鲜明的特征，而这也是《国富论》的一个重要主题。苏格兰人对进步的定义相对谨慎。他们认为光芒已经普照，而在此进程中知识增长确为关键因素。然而，他们不像法国或英格兰的同时代人那样有信心，认为进步总是自然和必然的，且在所有方面都是一种改进。苏格兰人如此谨慎的一个重要原因是，他们看重社会习俗的作用，习俗对明显或快速的革新是抵制的。本着这个看法，斯密强调社会应徐徐图变，认为变化本身往往是非故意的结果。这些重要观点贯穿于他全部著作之中。 14

第二章

交流与想象

就其兴趣和学识的广度来看，亚当·斯密是具有代表性的启蒙运动成员。如今举世皆知他是位经济学家，但这其实委屈了他。如果不考虑他的其他著作，就会疏漏极为重要的东西。这不仅无视了他思想的广度，也忽略了他错综交织的性格。《道德情操论》和《国富论》中穿插着这些讨论，他去世后出版的《哲学论文集》也阐明了他著作中反复出现的主题。

其中一个主题是，人类是社会性生物。斯密研究了社交形式，如买和卖、誉和毁，而他更多地是观察人们如何努力了解周边的世界和周围的人。恰恰因为他们是社会性生物，人类不会也不能自行做到这一点。他们必须互动或交流。这个一般性问题明显是《哲学论文集》及他在格拉斯哥大学一些讲座中的主要内容。

语　言

语言显然是交流的核心方式。到格拉斯哥大学就任前，斯

密在爱丁堡做过一些关于修辞学的公开讲座。在更加正式的大 15
学讲堂里，他再次开讲这门课。万幸找到了他学生的笔记，其中记录了他1762年至1763年的讲座内容。其中一堂课专门讲了语言的起源。幸存的30篇讲稿中，这是唯一一篇他认为值得出版推广的。“关于语言最初形成以及原始语言与混合语言不同特性的思考”（以下简称“语言思考”）首次见诸1761年在伦敦出版的一本语言学论文集，后来《道德情操论》第三版（1767）将之列作附录。

为什么独独出版这篇讲稿？大致有两方面原因。苏格兰学界极为担心，与时尚中心伦敦和巴黎相比，他们恐怕会显得黯淡而粗鄙。这种焦虑激发了一股热潮：孜孜以求准确的书面英语语言，避免用“苏格兰方言”。比如，大卫·休谟就此做了个汇编，他的哲学死敌詹姆斯·比蒂同样也编了一个。他们还希望说话用语不要听起来粗鲁。爱丁堡开设了演讲技巧课，吸引了大批听众。

斯密未能免俗，这种泛在的焦虑也影响到了他，但是第二个原因更为重要。语言起源问题是个长盛不衰的话题，贯穿整个启蒙运动，斯密选择出版“语言思考”，意在宣示他是启蒙运动的一员。“语言思考”并没有对语言学历史作出重大贡献，当然参与这场论战的大部分人亦然。但是，这篇著作提供了丰富的资料，从中可以看到在他所有作品中反复呈现的思维模式。

在“语言思考”中，斯密从两个相辅相成的维度来阐释其主题。他的论述既是哲学的、理论的，又是历史的、经验的。语法
的发展是其共同的主线。理论观点是，语言中各种语法要素（动 16
词、名词、形容词、介词等）并非在人类口头语言出现伊始就存

在，而是随着人类能力不断进化而发展或产生的。这篇论文描绘了这个发展过程。

在这个方面的斯密模板（可如此谓之）是英国哲学家约翰·洛克（1632—1704）论述的改进版。洛克是一位经验主义者（认为我们所知皆是我们经验的产物）。他用了一个著名的比喻来例证这个观点。人类生来是一张白纸，通过我们最初的感知（所见、所触等等）在上面写写画画。

继洛克之后，斯密（以及其他许多人）对儿童语言的发展和人类语言的发展做了类比。这种类比的基础是“野蛮人”代表着“人类的婴儿期”，这是启蒙运动（特别是在苏格兰）爱用的一个词。儿童和野蛮人都处于“此时此地”的生活状态，处于一个即时感知的世界。他们存在于当下，由于能力不足，他们既不反思过往，也不规划未来。对他们而言，任何反思或规划都喻示一种反馈的能力，一种从当下吸引他们注意力的事物中抽离出来的能力，或者说进行抽象的能力。于是，正如随着儿童逐渐长大、经验丰富起来一样，语言也相应进化。

按照斯密的观点，这一过程“不知不觉地”发生，意思是，这并不是自主理性认识的产物。它只是在事物进程中自然而然发生的。他进一步论证了为什么不可能有理性认知，因为理性认知意味着儿童和野蛮人能够进行抽象思考，或是在他们一开始说话时就会用统称，而这不符合现实情况。

斯密在演讲的多处都运用了这一论点。他用的范例是拉
17 丁语，这一语言为他提供了大部分案例。名词始于指称处于某个特定时间和特定地点的特定物品的单词。这是儿童和野蛮人最初会说的话。而随着经验的增长，同样的词会“自然而然地”

（或不知不觉地）泛化，用于指称类似特征的事物，而无论时间或地点。

他举了“树”这个词为例。起初，它仅指称某个特定物体，一段时间后这个词被用于指称类似的物体，渐渐地就成了任何或所有树的统称。同样地，抽象名词“树”早于更抽象的形容词“绿色的”，“绿色的”这个词的出现又早于更抽象的名词“绿色”。斯密在讨论介词和代词时，说明了这一发展进程中所潜藏的假设。他宣称，语言中的这些部分，由于它们是“最笼统和抽象的……可能会最后被创造出来”，它们“不会轻而易举地出现在语言学一年级学生的脑海里”（“语言思考”第212、219页）。更容易出现的意思正在改变既有单词的结局。例如，单独的词“of”是所有格出现之后才进化出来的。

动词也有同样的进化过程。起初，野蛮人以一个单词来表达狮子靠近了（斯密举的例子）。过一段时间，那个词会被用于统称任何一种野兽靠近了（本身是一种并发性泛化），渐渐地进一步用于简单或单纯地指称靠近的动作。随着经验的增长，单个词被取而代之，出现了名词（狮子）和代词（我/你靠近），以及助动词（他已经靠近了）。

史实完美地证明了这种语法的演进过程，这是斯密的代表性观点。比如，旅行家和历史学家都有报告称野蛮人的语言里没有人称代词，他们都是通过修改既有词汇来发明新词。古希腊语就是个例证，这是一种简单的或非混合的语言（这解释了 18
“语言思考”的标题全称中所提及的“混合”语言）。然而，随着社会的进步、部落的相互交流，语言相互混杂起来。这导致了语法的简化。

以希腊语为研究对象，斯密观察到这种语言具有复杂的词形变化和变格体系。相比之下，英语作为法语和萨克森语的混合语言，拥有大量的词汇，因而从语法上看更为简洁。这种简化源自交流互动的需要。说两种不同语言的人为了沟通，必须放弃学习另一种语言中复杂难懂的那部分。斯密推测，介词（“of”）就是以这种方式“自然地”在词形变化中取代了所有格形式。由此，这种经验性/历史性解释所得出的结论，与他对语法进行哲学分析的结论相同。

既然人类是社会性生物，那么在此背景下，使用越来越抽象的术语和简化的语法是必然会发生的，且还会不断演进。斯密在“语言思考”中的论点是“推测性”（或理论的、自然的）历史的典范，杜格尔德·斯图尔特在谈到这篇著作时如是说。斯密的著作里充斥着这种论断方式，以及对发展进程的假设。例如，在《国富论》中，斯密追溯了货币作为一种交换单位的发展历程，从具体的实物如贝壳，到本身不具备价值的纸张，甚至发展到更抽象的信用概念。同样地，政治统治也是从有形的个人身体力量强权发展到抽象的一般性法律规则权力。

推测性历史的核心要义是，人类开始以务实的方式思考其眼前的环境（捕鱼的最佳方式是什么？）。然而，随着社会的进
19 步，他们可以不拘泥于日常生活需求，而是开始反思他们所处的环境，更多地从理论上进行思考（为什么鱼离开水不能存活？）。

关联与解释

将与日俱增的思索同社会进步联系在一起，这是“天文学史”（他去世后出版的《哲学论文集》中的一篇）的特征。在“天

文学史”的第三部分，斯密再次提到了“野蛮人”的生活。他推测，野蛮人生活在前哲学时代，彼时生计维艰、生命短暂。他们全神贯注于眼前的生存问题，既没有时间也没有兴趣去研究事物的来龙去脉。面对超出他们经验的非常规情况，他们的反应是向某些“看不见、臆造出来的力量”祈祷求助（“天文学史”第49页）。这种祈祷是基于他们自己的爱憎之情。如果大海上狂风暴雨，那就是海神尼普顿发怒了；如果风平浪静，表明他很友好。从这种神人同性论中，斯密看到了多神论的起源，把神分为管收成的、管酿酒质量的、管天气的等等。他在《道德情操论》中也表达了类似的观点。

但是，随着生活越来越有秩序、越来越安全，那些“财富自由的人”就有了充裕的闲暇来更深入、更多地反思性关注他们所处的世界。斯密认为，这种“关注”是一件无私的事。与第一批研究者的社会地位相称，哲学或科学（这些术语可以相互替换）都不是因任何从其发现中牟利的物质需要而生。观察鱼为什么有鳃是出于提高捕获量的直接需要。人类具有超出满足其直接需求的动力，这是斯密将在《国富论》中论述的一个观点。

第一个发展到足以有人从事哲学研究的社会，是希腊城邦及其殖民地。作为哲学演进的一个先例，该论文的最后一部分 20
致力于阐述天文学史。斯密记载的历史从亚里士多德及托勒密的同心圆系统理论，到哥白尼、伽利略、开普勒、笛卡尔，最后到牛顿。尽管其学术水平超凡，但更有趣的是斯密在该论文的开篇部分所作的论述。在这些章节中，斯密提出了一个心理学论点。

他试图说明一个人类本性独有的特征：为什么人类总是在

寻求解释？该论文的完整标题“天文学史所表明的引领和指导哲学探究的原则”体现出了这种尝试。他去世后出版的著作里还收录了另外两篇更短的论文，也“例证”了这些“原则”，即“古代物理学”和“古代逻辑学和玄学”，但是这两篇文章过于粗略且受主题所限，有负所望。这三篇文章都对动机、对是什么“引导”人类研究哲理作了研究。斯密对此态度鲜明。他没有对天文学体系进行评估，并直言，这些理论体系是否正确或符合事实是另外的问题。

如同“语言思考”一样，“天文学史”也基本采用了洛克式的经验主义方法。他指出孩子“会打那块伤害了他的石头”，而野蛮人在斧子意外致人死亡后会惩罚这把斧子，此时他实际上又将儿童和野蛮人作了类比（“天文学史”第49页）。斯密采取了经大卫·休谟修正后的洛克式方法，其基本假设是，在正常状态下，人类出于习惯希望事情按照顺序发展。休谟举了一个例子，先燃烧后变热，我们按此顺序将它们联系或者说关联在一起，因
21 为后者总是跟随前者而出现，这是经验常识。

斯密自己所作的解释如下：

> 当人们观察到两个事物总是相伴出现，并且始终稳定地以那个顺序出现，尽管这两个事物互不相同，它们都会让人形成二者极为密不可分的印象（想象），以至于当人们想到其中一个时，另一个会自动跳出来。（“天文学史”第40页）

这种“想象习惯”的作用是将实践经验里反复出现的特征归集起来，将之分门别类。斯密以语言为例对此作了说明。与

“语言思考”里举“树”这个词为例类似，他在此援引了作为统称的“动物”这个词为例，通过关联对所有那些自发活动的生物体进行分类和分组。引起斯密兴趣的是，当这些习惯性的关联被打破后将会发生什么。例如，在18世纪，对珊瑚虫是一种动物还是一种植物展开过激烈的争论（斯密提到了这事）。

他在该文章的开篇讲了人类的三种情绪——惊讶、好奇、赞叹，然后作了详细描述。发生意料之外的事会令人惊讶，新奇的事物会激起好奇，恢弘美好的事物会令人赞叹。斯密主要对前两种情绪进行了展开描述。以这些心理情绪分析为铺垫，他能继续深入研究。

根据他的定义，当习惯性或预期的关联被打破，或者某个事件、事物不在通常的分类或群组范围内，我们“首先是对这个出乎意料的新生事物大吃一惊”（“天文学史”第41页）。接下来的一步至关重要。他断言，惊讶过后，我们会琢磨这个意外事件是如何发生的。当某方面的经验失灵了，或者说当由平稳运作 22
的想象所形成的关联被打破、出现了沟壑时，就会引发好奇。

对斯密而言，这种混乱、无法归类的情况导致了“不确定性和充满焦虑的好奇心”（“天文学史”第40页）。为什么呢？他的答案是以人类具有追求快乐、逃避痛苦的天性为理论基础。这是他著作中常见的观点，比如，《道德情操论》中大部分论述以此为基础。焦虑和担忧是一种痛苦，因而人们总是想消除或减轻它。人们探求治疗方案。对这些现象进行解释是现成的良方。人类释疑的动力源于一种填补沟壑的情感冲动，用这种方式人们才能消除焦虑，重归有序社会下的愉悦状态。如何实现这种重归？

斯密的答案是异乎寻常的。他认为是通过假设或想象出一种关系来填补这个沟壑。由习惯性的想象所形成的关联，是通过假设“一连串尽管是无形的中间事件”而得以复制的（“天文学史”第42页）。他以磁铁为例。看到铁似乎自己朝着磁铁运动，打破了（通过习惯）已确立的关联，即关于一个物体的运动都是因受到拉力或推力所致的。这种打破或者说沟壑引起了不安，必须要消除它。在这种情况下，想象有某种无形的媒介将铁和磁铁联系（推动）在一起，就在关联的沟壑上搭起了一座桥梁。这种想象行为的效果是，如此就能将之归结为在某种推力作用下的运动，而这是人们日常熟悉的一种关系。这种想象的链接创造出一套新的常见关联，消除了令人痛苦的关联脱节的沟壑。一旦达到这个目的，铁的运动就得到了解释。这不再会令人惊讶或引发好奇。

斯密所举此例取自勒内·笛卡尔（1596—1650）。笛卡尔
23 对“磁吸问题”的解释明显比原始人求助于某些神明的办法要复杂精妙得多。这种相对的复杂精妙反映了社会进步。随着社会的进步，专家和其他人之间的差别悄然出现。非专业人士，即“芸芸众生”通常感受不到他们想象的关联被打破。斯密指出，人们通常不会对他们所吃的食物如何转换成肌肉或脂肪感到“好奇”。而专家们却会被缺乏条理性搞得“坐立不安”，致力于将“各种各样的自然现象”联结统一起来。

哲学家和科学家是致力于将多样性统一起来的专家。斯密认为，哲学是“将各种自然原理联系衔接起来的科学”（“天文学史”第45页）。正如笛卡尔对磁吸力的解释，哲学通过“描绘出无形的链条”将互不连贯的事物联系在一起，给一团乱麻理出了

头绪。通过这种方式，哲学/科学平抑了“想象的困扰”，重归心神安宁。基于此，斯密确信哲学可以“视为同想象打交道的一门艺术”（“天文学史”第46页）。整部天文学史“例证”了这样的过程。在讲述这一历史时，斯密尤其注重讲述从一个天文学体系向另一个体系的转变历程。

哥白尼日心说取代了托勒密的地心说。但这种取代并非一夕之功。斯密敏锐地观察到，最初不仅无知的人不接受这个学说，那些“有识之士”也基于其想象习惯而拒绝哥白尼所作的重新想象。但在有识之士中也有例外，经过一段时间后，证据越来越多，接受哥白尼理论的天文学家也越来越多。故事到这里并没有结束。哥白尼体系不断地给天文学家（专家）带来新的惊奇，想象链中不断出现新的沟壑。根据斯密的哲学理论，这些沟壑也需要桥接。例如，行星旋转运动和假定它们不动这二者对立，之间的沟壑使科学家们心神不安。他们的想象被打乱了。 24
笛卡尔试图恢复平静，他想象行星悬浮在一种他称之为“以太”的物质中。这在某种意义上是成功的，因为这是传统想象（船等重物可以浮起来）熟悉的一种类比（分类的一种形式）。然而，斯密评价这个成功不过是昙花一现。由于大家赞同牛顿的学说，笛卡尔提出的这个假说基本上被全社会摒弃。

牛顿体系的优势在于它解释了所有的行星不规则现象（笛卡尔没做到这一点），其所做的预测得到了精准的证实，它将陆空所有的现象包罗连接进一个体系。牛顿用重力原理做到了这一点。因为这对人们而言是再熟悉不过的，所有的苹果从枝头掉落到地上而不是飞向天空，从而大家就容易将此作为一种解释性原理。于是，斯密在此重申了标准的启蒙运动观点，他说牛顿的著作是“哲学上有史以来最伟大、最值得钦佩的进步”（“天文学史”第98页）。的确，这不仅是明显的事实，而且从这篇论文对研究哲理性思维动机的心理基础的职责来看也是如此。牛顿使大家重归安宁。

如果不看具体问题，总体而言，斯密是想遵从牛顿方法论的。根据牛顿自己在《原理》（1686）中所述，自然哲学的第一推理规则是：只承认那些“真实且足以解释现象”的理由。这里讲了两点——目标应当简练，以便用一小部分可以解释一大部分，而且要通过确凿的理由来得出这种解释。

斯密写“天文学史”那篇论文的目的，是思考三种情感的“性质和原因”及其影响。他的全名为《国民财富的性质和原因的研究》最富盛名的著作中也有同样的用辞。这种重复并非巧
25 合，它反映了斯密著作中交织的特性。他在《国富论》中所作的评论是个明显的例证，他写道：“天体的旋转……必然激起好奇，因而他们自然唤起人类探究其原因的求知欲。”（《国富论》第767页）

风格与审美

从斯密在格拉斯哥大学的逻辑课讲座中，可以更清楚地看到他认可牛顿的学说。据约翰·米勒的说法（与向杜格尔德·斯图尔特讲述的一样），斯密在该课堂上集中教授修辞学和纯文学。在这些讲座中，斯密明确提出了一种特殊的写作风格，叫“牛顿式方法”。他认为这种方法“最具哲理性”。该方法从已经证实的第一原理出发，“用同一链条将［它们］连在一起”来解释各种现象（《修辞文学演讲》第146页）。这句说法同“天文

学史”有丝缕联系。例如，在讲历史类写作时，他谈到“叙述中出现沟壑会令我们不安”（《修辞文学演讲》第100页）。

尽管斯密没明说，但可以推论牛顿式方法应该被“每一种科学”所遵循，无论是“自然科学”（如物理）还是“社会科学”（如经济学）。当把牛顿式方法同当时另一种主要的方法——亚里士多德式方法——相比较，可以进一步凿实这个推论。斯密认为，后一种方法对每个现象采用不同的原理，其缺陷在于缺乏系统性，且不如牛顿式方法简练。

> 米勒还记录道，鉴于听他课的学生都很年轻，斯密认为他讲述修辞学的重点是，解释和说明人类思想的各种力量的最好方法……产生于对用语言交流思想的多种方式的考察，以及对那些有助于说服或娱乐的文学作品的原则的关注。（《生平》第274页） 26

语言作为人类交流的基本方式，内涵要广于“语言思考”中所作的语法分析。作为社会性生物，人类用语言来进行劝说、哄骗、鼓励等，他们在实践中练习修辞。修辞艺术历史悠久。在古希腊和古罗马，有说服力的口才是政治上和法律上成功的关键，那时关于“如何做到”这一点的书不计其数。文艺复兴时期，修辞学研究制度化了，成为教育教学的主要内容。然而，斯密与他同时代的许多人和同胞一起改变了关注的焦点。他讲座的重点放在了文学（纯文学）上，放在了写作而不是口头交流上。

因而，文体风格是主要话题。对斯密而言，文体的“完美”在于作者简洁达意，把他们意图传达给读者的“观点、情感或关爱之情”最好地传递出去(《修辞文学演讲》第55页)。交流情感在《道德情操论》中起了关键作用。修辞学讲座的重点是讲述风格与审美品位之间的关系,因为成功的表达交流应当用“能达所意、至臻至美的语言”(《修辞文学演讲》第40页)。在“天文学史”的专门用语中,这一点令人惊叹不已。由此,进行风格分析是他进行文学批判的主要内容。例如,斯密批判沙夫茨伯里勋爵进行哲学创作时文风“浮夸、宏大、矫揉造作”是不合适的,应当以清晰精准为宜(《修辞文学演讲》第59页)。然而,斯密的著作,尤其是《道德情操论》,也没太遵守他自己定下的少用修辞的规矩。

在他去世后出版的文集里,另有一篇论文以更抽象的方式继续探讨了这些问题。其中,“关于模仿艺术”研究了当代美学的核心问题。斯密区分了两种模仿:一种是“刻板模仿”,目的就是制作外观极度相似的仿品或完美的复制品;另一种高端的
27 模仿是使仿品看起来像“不同的东西”,无论它是自然物体还是艺术品(“模仿艺术”第178页)。模仿创作品和刻板仿制品之间的差别高下立见。

他以一幅伦勃朗的画作为例作了剖析。伦勃朗是老练的艺术家,他描绘的“从事日常粗鄙劳作的俗男俗女”展现出了高超的画技(“模仿艺术”第179页)。斯密认为,审美愉悦感就源自这种反差的表现。同样是喜欢这幅画的观赏者,他可能(暗暗地)讨厌这幅画的主题——普通劳苦大众。用我们现在熟悉的语言,斯密说,我们对创作的效果“感到惊奇”,当我们至少在某种程度上欣赏其表现手法时,我们感到愉悦。由此,“未知带来令人愉悦的惊奇感,随之是更加令人愉悦的对科学的满足感”

(“模仿艺术”第185页)。这篇论文在另一个部分里进一步阐述了音乐、舞蹈、诗歌这些艺术形式中模仿的区别。

这篇论文和他对纯文学的关注都使得杜格尔德·斯图尔特认为,斯密“从不忽视艺术品位的培养”(《生平》第305页)。这些研究证明了斯密的兴趣之广泛。更广泛意义上说,它们还表明了他对交流的重视。从他著作的特点可以看出,不仅仅是有关语言和修辞学的讲座及文章里满溢着对交流的重视。他两本最有名的著作中也有此特点。例如,《国富论》中对交易活动(一种说服他人的形式)的解释,以及带点想象力地看《道德情操论》中有关道德评价作用的内容。 28

第三章

同情的旁观者

斯密1759年出版《道德情操论》。该书很多内容取材于他自1752年被聘为道德哲学教授后在大学所做的讲座。在他的一生中，该书出过六版，其中第二版（1761）和第六版（斯密去世的那年，1790年出版）改动较大。第三版（1767）中包含了“语言思考”，而现代的版本删除了这篇文章，将之收录于《修辞文学演讲》。由于斯密在1776年出版《国富论》后一直从事道德哲学研究，有理由认为他的“经济学”和“道德学”之间不存在根本分歧。

经验主义

《道德情操论》文如其名。斯密决定称之为“论”，即告诉读者这是调查研究的成果，或者说是哲学作品。同时，它也意味着这不是一部教读者如何循规蹈矩生活的指南。或许，因为18世纪其他关于“道德”的书大都是写“如何”操作之类的，斯密在第三版加了个副标题。他宣称该书是“分析人们对行为和

性格做本能判断的原则的论文，这种判断开始是对邻居，后来 29
是对自己”。该书旨在研究分析实践中是如何判断对错、选择是非的。

题目中的“情操”一词也含义隽永。它将该书定位为道德哲学专著，苏格兰这方面的观念很强烈。苏格兰人是经验主义者，认为知识来自经验（参见第二章）。我们知道雨是湿的，因为我们的皮肤感觉到了；我们知道古罗马人穿宽大外袍，因为我们从雕塑和文学作品里看到了；我们知道北美的部落好战，因为我们从传教士和探险家们那里得到了证实。道德知识也不例外。按照苏格兰人的道德哲学，证据就是人类通过感觉、感情、情绪来体验和回应世界。我们都对欺骗感到愤怒，对支持者报之以爱，对不幸心存怜悯，等等。

感觉或情绪就像是驱动力。我们是被触动而发怒。触动人类的是他们的渴求或情感。苏格兰经验主义者们在这儿遇到了一个问题。问题起源于对“证据”的解读，这是两位（非苏格兰人）思想家——托马斯·霍布斯（1588—1679）和伯纳德·曼德维尔（1670—1733）提出的。包括斯密在内的苏格兰人的道德哲学研究开始回应这些问题。

霍布斯认为，人类事实上只关心自己的财富和私利而排斥他人的。每个人都受他们的情感所驱动：如果他们想要什么，他们就会被驱使设法得到它；反之，如果他们害怕，他们就会被驱使远离那些令他们恐惧的东西。同样是驱动力理论，只不过用了一个关键的例外，斯密和其他人对此无可辩驳。这个例外就是霍布斯强调的排他性。霍布斯认为，每个人或明或暗地总是
在与其他人竞争。解决这种无休止竞争的办法是立一个绝对权 30

威的元首，他可以强力做到“公平公正”，更宽泛地说，他可以结束审判争端或是有关对错的争议。

对同代人和后继者而言，这是不可接受的，因为按元首说的做会降低道德标准。沙夫茨伯里伯爵三世安东尼·阿什利·库珀（1671—1713）对霍布斯理论的反驳比较有影响力。沙夫茨伯里认为，霍布斯的哲学是建立在对人性误读基础上的。人类并不只是以自我为中心，他们还具有“天生的道德感”。在此，沙夫茨伯里引入了苏格兰人能够接受的术语。

苏格兰人公开承认他们欠沙夫茨伯里之人情，但是曼德维尔又带来了冲击性影响。曼德维尔的理论与霍布斯类似，但更具煽动性，他认为善行未必得善果，恶行亦如是。例如，贪婪创造物质财富，因而这是好事。对他的同代人来说，这相当于说美德是伪善，那些有德行的人（或者说所有头脑正常的人）都是伪君子。于是，曼德维尔时不时地就把沙夫茨伯里作为靶子嘲弄一番。而更具破坏性的是，曼德维尔说沙夫茨伯里的理论是错的，因为它与日常经验并不相符。

弗朗西斯·哈奇森是捍卫沙夫茨伯里、反对曼德维尔理论中的佼佼者，他是斯密的老师、前任道德哲学教授。对哈奇森来说，比回击曼德维尔意义更大的是，这种语境是他信奉的积极道德学说的核心，而这个学说是所有苏格兰人的主心骨。这不意味着他们赞同他的观点，但他们自己的思想是以他们不赞同的
31 方式形成的。斯密的道德哲学接纳了这种模式。

哈奇森和道德感

与霍布斯和曼德维尔不同，哈奇森严格地将道德与“利益”

或者说私利分开。他声称他打算致力于揭示道德高尚（道德沦丧）的天性基础。他在全人类拥有的道德感中找到了这种基础。嗅觉、视觉等五感告诉人们周围的物质世界是怎样的，因此哈奇森认为道德感告诉他们人类的行为是怎样的。再者，正如我们睁眼时不由自主地去看东西一样，我们也会不由自主地去判断一个行为的好坏。重要的是，作此“决定”（哈奇森用的词）时是未考虑任何个人利益的。简要举一个他讲的例子说明其中的关键。假设亚伦和佐伊每人给我100英镑。亚伦这么做是因为他希望我开心，佐伊则是因为她算计过，给出这100英镑将增加她的利益。按照哈奇森的理论，尽管我在这两种情况下各得到了100英镑，但我对亚伦的感情会不同于对佐伊的。他认为，这种“不同”是道德感所致。

哈奇森理论的要点是，自私原则不能解释道德经验。我们对亚伦的慈善行为和佐伊的自利行为的确感觉不同。哈奇森认为，善念是道德的内核，这就是道德感所显示的东西。善念，字面意思是对“所有能哭会笑的生物”施以善心，这不是人类需要学习的东西。它是与生俱来的。但是，斯密和大卫·休谟一样都不赞同这一点。大卫·休谟是斯密和哈奇森之间重要的连接纽带。

同　情

尽管哈奇森曾经用过“同情”这个词，但这个词在休谟的经验主义道德哲学理论中占据重要地位。休谟认为，这是我们进 32
行道德判断的方式。同情心将对罪行的认知转化为对犯错的情绪看法。有别于哈奇森直接以道德感来解释，休谟称之为一种转化。同情在斯密的哲学理论中是一个重要的观念，但他与哈奇森和休谟的描述又都不一样。

斯密第一次谈到同情时，他给出的定义是“我们对任何一种情感的同感”（《道德情操论》第10页）。当然，这个解释看起来很简单。对哈奇森和休谟而言，同情某种程度被看作是传染或感染性的。斯密公开的言论看起来也是这样。他谈到了情绪的传递——旁观者会随着走钢丝表演者的动作而脚步摇晃。但是，斯密的分析不是以情绪传染或直接传递为基础的。他在中间插入了一个关键的媒介。斯密所描述的同情想象就是这个媒介。

所有人都能设身处地地想象他人的感受。他们能做到这一点，是基于假设每个人对同类事物的感受都一样。举一个斯密自己讲的例子：如果我看到某个人因为获知父亲的死讯而悲伤，我可以想象出如果我是丧亲之人会是什么感受。这种情境和背景才是关键。斯密强调，他所定义的“同情”不是仅仅基于他人外在的情感表现（悲伤地哭泣）。如果是这种情况，那么这可能就只是一种传染或输血。然而并非如此，这当中有个媒介，就是通过我们的想象力将他人的感受或情感“带入我们心底”（《道德情操论》第17—18页）。

“带入心底”绝非直接的复制。原因有二：我们所带入的感情不仅来自外在情绪（看得见的忧伤），还受到总体“情形”的
33 影响。事情发生在公开场合还是私下场合？获知死讯的时间有多近？还有，我们的感情必然会有些弱化，毕竟不是我的父亲去世了。在同情的互动过程中，前情后事和强度相对较小都是重要的影响因素。

斯密接下来的举动很关键，从心理学分析转向更为哲学的分析。他讨论了演员和观众之间的互动。后者用他们的想象力将前者通过语境或情境表达出来的感情带入了自己心里。一旦带入，观众就处于评估演员感情的状态。通过想象他们自己是演员，他们可以判断演员在情境中的表演是否恰当，或者用斯密的术语说，是否恰如其分。如果是，他们会予以认同。回到斯密举的例子：我会认同新近失去亲人或朋友者表现出悲伤。反之，在没有更多信息的情况下，如果有人在彼时表现出高兴，我不会认同。

因而，医学上的隐喻输血或传染是错误的。斯密注意到，观众会因为演员的粗鲁言行而脸红，尽管他们都没有意识到自己行为的粗鲁。人类从实践经验中学习，才会产生上述情形。他们学到了哪些情形通常会产生哪种情绪，这些情绪通常如何表达出来。因此，父辈去世会带来悲伤情绪，这比养的兰花不开花所带来的失望之情要强烈得多。这是从哪儿学来的呢？对斯密这样的经验主义者来说，唯一的来源就是每天的社会生活。社交起决定性作用。

社会性

斯密将社会比喻为一面镜子。他假设，如果某个人在与世隔绝的环境中长大，那么正如他们不知道美丑一样，他们也不会 34
有关于行为道德的想法。但是

> 将他带入社会中，他立即就得到了一面梦寐以求的镜子……所有他自己的情感会立刻成为新情感的诱因。他会观察到

人们认同其中一部分而反感其他部分。他有时受到鼓舞，有时感到沮丧，现在，他的渴求与厌恶、欢乐与悲哀往往会成为新的好恶哀乐情绪的原因，因此，现在他们会让他很感兴趣，并且经常引起他极为深入细致的思考。（《道德情操论》第110页）

这是很重要的一段。

这展现了斯密对动因的解释，证明了他是经验主义者。这一点从他使用“情感”“渴求”“厌恶”等词可以看出来。在这本书的后面他清楚明白地写道，“愉悦和痛苦是渴求和厌恶的主要对象”（《道德情操论》第320页）。人们喜欢愉悦，因而孜孜以求之；反之，人们不喜欢痛苦，因而竭力避之。这是无可辩驳的人类行为事实。这些情绪就是“驱动”我们的力量，它们是我们所作所为的原因。根据这段理论，既然当我们受表扬（我的诗作被赞赏）时会感到“鼓舞”，自然可以说赞赏是令人愉悦的（当我的诗作广受欢迎，我很高兴）。由于愉悦是一种动力，那么进一步可以说，人类渴求认同（我想写出受到赞誉的诗篇，而不是被当作打油诗）。

这一段的重要性还体现在它阐释了互动学习过程。生活在社会中就意味着参与一个社交网络，接收和发送如何应对不同
35 环境的信息。从他人那里收到的信息中，我了解到我的某些行为是被认同的，而有些不被认同。既然我想做令我高兴的事，避免给我带来痛苦的事，我会被驱动着去重复前一类行为而少做后一类事。我用这种方式对社交信号做出反应。我知道了在特定情形下何种行为会被谅解或会被谴责。换言之，这种知识教

给我们道德准则。

道德不能脱离社会而存在。这是斯密与哈奇森道德感学说（认为道德感在教育之前发生作用）的一个明显区别。休谟也持这个观点，但斯密阐释得更彻底。斯密认为，既然观众和演员相互情感交流足以进行道德判断，也就没有必要借助一种专门的感官来辨别善恶。

这种交流互动具有教育作用，我们都是以这种方式学习作为社会的一员应当如何行事。这是间接学习，是通过每天的生活探索获得的，而不是通过书本或课堂教学获得的。18世纪，这种探索产生的作用被称为“道德因果关系”。此处的“道德”是其拉丁词源习俗（mos/morem）的意思。将之称为“因果关系”，意味着性格、观点、价值观很大程度上都是受社会环境影响形成的。然而，这并不是像热导致身体出汗这种严格死板的决定论（这被称为“物理因果关系”）。

斯密在《国富论》中就道德因果关系问题举了一个令人印象深刻的例子，这个例子他在格拉斯哥大学法学讲座时已经用过了，在道德哲学课上也沿用了。他对一名哲学家和一名“普通街道搬运工”之间“最大的性格差异”作了比较。他说导致这种差异的“与其说是天性，不如说是习惯、习俗、教育等”。实际上，他在大学讲座里着重讲了这一点，当他们成年后，在很多 36
情形下“不同职业人群之间泾渭分明”，“与其说是劳动分工的原因，不如说是其结果”（《国富论》第28—29页；《生平》第348页）。在斯密的例子里，未成年人一旦就业，他们就开始随着不同职业的习惯和要求而发生变化、出现差异。人并非“生来”就是哲学家（或搬运工），而是“被塑造”出来的。

协商一致

斯密认为，经验告诉我们，观众的感情不如演员的强烈。这一人类天性与另一种相伴相随。演员希望（因为这让他高兴）得到观众的共情。尽管从演员的角度看这二者之间存在差距或者说落差。由于第一种，即情感强烈度不同是无法改变的，那么演员就必须在第二点上努力，即寻求认同。斯密通过运用音乐上的隐喻来表达他的观点。

为使他们的感情同观众的“和谐一致”，从而获得所期望的认同，演员必须将他们的情感降至那个观众能够跟得上的“度”（《道德情操论》第22页）。回到早先的那个例子：如果父母去世的悲哀之情过于外露，全都是放声痛哭哀嚎，那么观众可能会认为这演过了，不予演员以所期之认同。达到那个合适的“度”不是要达成完美的和谐共鸣，而是要充分协商一致使大家和平共处。这个目标不是自动实现的，是协商来的，而这又是一次社会学习的成果。

这个协商形成的度不是固定的，而是随着情况变化而变化。例如，苏格兰和叙利亚社会所接受的对悲伤的反应就互不相同。其中有一个区别尤其重要。协商的程度取决于演员和观众之间
37 的关系。在那些亲近的人面前，我们可以更放开、更充分地表达自己的感情。在其他家庭成员面前为父母去世哀痛时，这个度会更高——协商一致不需要太费劲。

斯密从历史的角度对此作了阐释。他认为在更早更简单的时代，那时以家庭和朋友相处为主，可以达到充分的同情，相对容易达成一致。反之，在“由陌生人构成的”环境中，需要花更

大的力气来"缓和"情感(《道德情操论》第23页)。在那种情形下要达成一致会更困难。这就是当下复杂的现代社会面临的情形,斯密称之为商业社会。《国富论》分析了这种类型的社会,而这也是《道德情操论》的写作背景。在商业社会里,私利赫然放大了。

私　利

斯密很清楚霍布斯和曼德维尔是错的。人类并不只是受私利驱动。他在《道德情操论》中用了一整章批判曼德维尔的理论,他称之为"荒唐的体系"。斯密在该书开篇即表明了基本立场:

> 无论一个人有多么自私,他天性中明显还存在一些本能,使他关心别人的命运,将别人的幸福看成是自己的事,尽管除了因看到别人幸福而感到高兴之外,他从中一无所获。(《道德情操论》第9页)

斯密在此明显追随了哈奇森的观点。我们所知的人类经验证明,每个人都像亚伦一样,会对他人的幸福表现出真诚无私的关心。

当然,开篇这段话确实给其他"本能"留出了空间。斯密和其他经验主义者认为,这些本能中包括利己主义。但是,这个 38
结论似乎带来了一个问题,或者说一个缺陷。斯密、哈奇森、休谟都认为,追溯原因并不能告诉人们应该做什么。对那些认为原因具有那种力量的思想家来说,道德是一种客观事实。谋杀和错误之间的关系就像直径与周长的比例关系一样，其真实性不取决于任何经验事实。苏格兰人拒绝接受这个说法。他们的经验主义学说意味着经验才是起作用的。由于经验是通过感觉或感触获得的，那么他们必须将道德根植于情绪和情感的主观世界之中。谋杀是错的，因为反复的经验告诉我们这令人不悦。而在主观世界里，正如霍布斯所主张的，利己主义占上风。

斯密由此必须在经验主义和霍布斯理论之间开出一条路来。他难以否认人类是自私的，利己主义是人类的一大天性。实际上他接受这个观点，这是《国富论》的基本立场。斯密在《道德情操论》中直面了这一点。他宣称，每个人，无论他是不是现代商业社会的一员，都具有“将自身幸福摆在优于他人位置之上的天性”（《道德情操论》第82页）。但这种情况不是永恒不变的。霍布斯论和曼德维尔论者观点的缺陷在于，他们没有考虑社交互动所释放的交流信息会抑制自私自利行为这种情况。必须考虑社会这面镜子所起的作用。斯密在阐释这种作用时，引入了另一个重要概念。

公正的旁观者与良知

斯密认为，人类具有的另一类天性是，每个人都希望“不仅得到赞美而且值得赞美”。这意味着人类用标准来衡量自身。当然，我们喜欢被称颂，因为被他人亲热以待是令人愉悦的（我
39 的诗作广为传诵会令我受鼓舞或是感到振奋）。但是，我们也希望自己实至名归（诗作不是剽窃的）。此外，我们还乐于以值得传颂的方式行事，尽管并没有人表扬我们。抓住这样一个事实，即我们并非基于实际得到的表扬或批评来做我们认为自己应当

做的事，斯密引入了“公正、见多识广的旁观者”这个概念（《道德情操论》第130页）。我们努力以这位假想或意念人物会赞同的方式行事。

这位旁观者是判断对错的内化标准或标杆。斯密在描述这个标准时，频繁地使用法律术语，但是以极其华丽的修辞来描述的。这位旁观者两次被描述为“内心里的那个人，伟大的法官和仲裁者”（《道德情操论》第130、137页）。唯有通过扪心自问，我们才能评价自身行为或是给自己立标准。

这位“住在心中的”公正的旁观者，被斯密认为与良知是一样的。比如，我发现一个装了1000英镑的包，在把它交给警察（被公众称道）之前，在知道没人会发现的情况下我自己悄悄拿了100英镑。但是我感到罪恶，我的良知告诉我应该把所有的钱都交出去（这样我才是值得大家称道的）。我从公正的旁观者角度审视了自身行为，这位旁观者既了解我的情况，也明白我的动机是自私。

为什么我要在意那种审视呢？斯密辩称，因为它具有“更高”权威，所以它能约束我。他三次将良知称作“心中的半神”（《道德情操论》第131、245、247页）。他还谈到“全能的造物主”将人创造成他“在地球上负责管理其同胞行为的副摄政王”（《道德情操论》第130页）。然而，尽管神赋予了这种管理权，即斯密所称“外人”的管理（他进行表扬或批评），仍不及更高
层次的良心或“内心的人”的裁决（他评估是否值得表扬或批 40
评）。斯密在最后一版中对这一章做了大量修改，他本人的神学观点难以确定。

关于这个问题——并没有明确的答案——更多的取决于这

些章节的写法到底有多夸张。它们仅仅是为了使他的论述让读者看起来更亲切或更有说服力的文学或文体表现手法吗？那些读者习惯于把良知看作神谕。抑或，就应该从它们的表象来看，这代表斯密自己所好？另一段文章同样反映了这种矛盾心理。在前面的几页里，斯密已经提到了“全能的世界主宰”。这段讲的是，他观察到“我们”此生的快乐往往取决于“对未来生活小小的憧憬或期望”。他所说的这种憧憬“深深地植根于人类天性中”（《道德情操论》第131—132页）。这可以被解读为一种中立的描述，是一种实际心理。斯密注意到，每个宗教（以及迷信）都让人感到有支撑、感到舒适，都承诺在另一段生活中给予人们奖励或惩罚。这同样可以用另一种方式来解读。其根植之深，意味着它们是神造物的一部分，人类生来有灵魂，相信有来世。

然而，斯密讨论良知并非只采用神学语言。有些时候，他说这种权威性是“习惯和经验”的作用使然（《道德情操论》第135页）。说这是习以为常，意即这是道德上因果关系的产物，或者说是一个学习资源。从这个角度看，良知有其社会源头。提出这种源头以及反复强调后天经验，是他的理论同哈奇森的理论又一截然不同之处。它们也有助于解释公正的旁观者的情形。

这位旁观者是想象力的产物。它反映了人而不是超人的能力和判断水平。这位旁观者是公正的，不是万能的。更进一步
41 说，人类关于经验的认识并非一成不变，而是随着经验变化而变化。即便是在用了“伟大的半神”这样的词的一段里，斯密也讲到“它的”审判是“缓慢、逐渐、不断前进的”（《道德情操论》第

247页）。由此，可以推论它们不是像摩西所被赐予的那种永恒不变的道德金科玉律。

这同斯密对历史变迁的认识是一致的。在早期，重要的是在公众中的声望。后来，重要的是良知。对比一下阿喀琉斯和托马斯·莫尔的情形。前者被阿伽门农国王公开羞辱，夺走了他喜欢的奴隶；后者不愿自毁声誉去听从国王亨利七世的命令。更多地遵从了他的良知——“内心的人”。阿喀琉斯离开了战场，因为他在“外人”面前丢脸了。采用人类学家的说法，斯密绘制了一张从认为道德准则是源于“羞耻感”的文化，到认为这是源于罪恶感或良知的文化的演变图。

相对主义和道德审判

强调道德观是习得之事似乎带来了另一个问题。这好像把道德行为和社会规范等同起来了。我赞同那些我所处社会中习以为常的事。公正的旁观者对这个显而易见的问题给了一种解释。这个人物不仅能被个人用于评估自己的行为，也能被用于对社会组织和政策进行判断。

斯密主张，每个人通过观察自己和他人的行为，可以逐渐形成关于“恰如其分和完美”的看法（《道德情操论》第247页）。换言之，我们在不同程度上都能够在心中树立起一个典范标杆。原则上，这个标杆使我们能够评估我们的社会是否符合标准以及符合度，如果有不符，是哪些现状或行为存在不足。例如，马
丁·路德·金1963年做了“我有一个梦想”的演讲，提出总有 42
一天美国的每个人都将是自由的，这个演讲极具感染力，因为在自称的“自由王国”中，它将那个梦想同某些不自由的现实并置

起来。

斯密本人批评了法国国王路易十四的宫廷。路易的侍臣们对他那有限的才华大加赞誉，结果导致了对“博学、勤劳、英勇、仁慈”等赞誉品质或美德之词的强烈质疑。这样的批评也可以应用到国内。斯密对他所处社会的有些方面不满。他评判道，现实中，当时的英国政客不代表公众利益行事，而是迎合特殊利益，例如那些想限制贸易的商人的利益。在《国富论》第五版中，他再次对文明社会中那些从事重复、乏味（无聊到令人头脑发木）工作的人的身心健康表示关注。

然而，最初的问题似乎仍然在，只不过是顺着路又往前推进了一些。那些用于做政策判断的标杆似乎只在某个社会中起作用，每个社会都有自己的标杆。公正的旁观者实际上是将独特经验或区域经验内部化。斯密似乎意识到了这一点。他公开承认“原始未开化社会”和“文明社会”认同的德行有所不同（《道德情操论》第205页）。但他并不赞成由此就认为所有的道德准则都受区域环境局限，从而使道德具有社会专属性或社会相关性。相反，他坚信有四海通行的标准。在他看来，人们所赞成和反对的道德情操都有坚实的基础。它们都植根于“人类天性中最强烈、最具活力的情感”（《道德情操论》第200页）。他承认这些情感可能会被扭曲，但绝不会被彻底颠覆。人类的情感提供了泛在的牢固基石，以此为基础即可建立起四海通行的判断标准。无论何时何地，无论在什么样的地域环境，人类以同样的
43 准则、同样的方式行事和进行判断。这在人类的天性中是一致的、亘古不变的。愉悦令人高兴并孜孜以求，人们对痛苦则唯恐避之不及。正是基于这种稳定的基础，斯密认为可以建立起“人

类天性的科学”（《道德情操论》第319页）。

他以杀婴为例说明普遍通用的标准。有证据表明，在人类社会的最早期阶段，杀婴是常有之事。斯密重复了“天文学史”里的用词，指出“我们”对此既不“好奇”也不“惊讶”。此处所说的“我们”，是那些研究人类天性的科学家（或称为社会科学家），他们持有道德因果关系的观念，既能够解释原始的杀婴行为，也能对其持续存在作解释。在他描述为“最原始、最低等的社会形态”中，人类过着朝不保夕的生活，因为资源匮乏而珍贵（《道德情操论》第210页）。人类的天性在“极度贫乏”的条件下形成（这是一个科学事实），为了使成年人能活下去，婴儿会被抛弃。

然而，尽管用这种方式来解释杀婴，但并不表明斯密是一位道德或社会相对论者。他不认同那种对一切作出解释就是宽恕一切的观点。他认为，比起“彬彬有礼、文明的雅典人”杀婴，原始社会的杀婴行为是可以原谅的。在前一种情况下，日常生活没有那么艰险，杀婴行为不可原谅。斯密坚持认为，如果这件事本身“不正义、不合理”，那么不能因为有很多人都这么做就可以免于责罚。按斯密的看法，雅典人将婴儿弃于荒野致死是惯性使然。这是道德因果关系的另一种情形。正是雅典人对这种实践习以为常，使得他们对这“可怕的虐待行为”视而不见（《道德情操论》第210页）。斯密的意思是，这种惯性力量如此强大，以至于即便是当时头脑最敏锐的柏拉图、亚里士多德等人都对此习以为常。杀婴并非个例。迷信、奴隶、酷刑都是如此。道德情操归根结底植根于人类生活中那些始终如一的东西里。尽管社会不同，道德准则也会相应变化，但并不意味着所有社会都有 44

同等道德水准。斯密在此体现了启蒙运动的一个普遍立场。迷信盛行的社会，因错信而蒙难，或是采取自我毁灭的措施，都是以它们各自的方式陷入愚昧无知，落后于那些闪耀着知识光辉
45 的社会。论证这一点是《国富论》的核心要义。

第四章

高尚地活着

有人就应该被表扬或惩罚吗？一个人是否应该得到比其他人更多的资源？能否理直气壮地对无心之失进行指责？每天的生活中都会出现诸如此类的道德问题。《道德情操论》如其第三版增加的副标题所称，是对用于判断人类行为和性格的“原则的分析”。本着这一目的，斯密必须研究此类问题及其答案中所暗含的原则。他在分析过程中继续运用了他关于同情的理论。

现在关注的重点不是之前的演员而是受众，或者说是行为的“对象”。如果某人是另一人慷慨以待的对象，那么我们对他的喜悦感同身受，并且“赞同”他对捐助者的感恩。但如果没有感恩或是不情愿感恩，那么旁观者就不会与他感同身受。同样，入室盗窃的受害者感到痛苦并对盗贼有愤怒和不满的情绪，旁观者会与受害者有同感。就像对慷慨的施舍行为心存感激是自然反应，对苛待或不公正待遇感到愤恨也是自然反应。愤恨不满之情是斯密关于公正理论的根源。 46

公　正

将人类自然的愤恨之情作为公正的源头，是斯密有别于休谟之处。休谟认为，公正不是斯密所认为的“自然的”，而是因其有用而形成的社会实践或公序良俗。公正具有实用性。它使社会体系稳定，尤其是那些涉及财富的事务（入室盗窃会破坏稳定）。对斯密来说，他也强调公正十分重要。它在支撑社会秩序中承担着不可或缺的职责。然而，他认为公正的源头不是功用。按照斯密的观点，我们同情贝蒂，她的公寓被盗了，她是一次不公正行为的受害者。最初影响或打动我们的是贝蒂所承受的痛苦。这种触动是在我们没有关注任何“社会维护问题”的情况下产生的（《道德情操论》第89页）。与休谟将功用摆在前面的观点不同，斯密认为这是顺理成章发生的。在斯密有关人类天性的读物中，人类看到不公正行为（贝蒂家被盗）被惩罚会“高兴”。这种高兴仅仅是人类憎恨不公正之情的自然流露。斯密推测认为，憎恨之情似乎植根于我们保护自己或是在受伤害时予以反击的天性之中。这种反击会得到“公正旁观者”的认同，从而使之成为恰当的回应。这就是正义感的初始源头。

然而，公正旁观者的认同是有条件的。例如，如果反击的势头过猛并随之开启了一场循环不休的暴力行动，由此带来的伤害则多于裨益，那么公正的旁观者就不会予以认同。在此斯密赋予理智以恰当的角色。它构成“一般准则”（《道德情操论》第319页）。这些是基于经验而来。它们源自人类行为并非恣意妄为的事实；人类行为具有循环性或是持续不断的关联性。例如，
47 不应允许产生家族仇杀或血仇，因为它们破坏社会团结。在构

建这些准则的过程中，理智是“道德一般准则”之源（《道德情操论》第320页）。这就与公正衔接上了，因为它坚持遵守规则。

人类遵守公序良俗是公义行事，破坏公序则是行之不义。公正要求忍让，不伤害他人。斯密说，这是一种消极的德行。由此一以贯之的是，“我们只要静静地坐着、什么也不做，就可能通常遵守了所有的规则”。斯密承认，这种消极的行为不是特别值得称道，但绝不会因此削弱其极端重要性。公正不可或缺。用他的另一个修辞手法表述，公正是“支撑整座大厦的主要支柱”，因此如果没有了这一点人类社会将“分崩离析”（《道德情操论》第86页）。

这在一些棘手的情形下也是成立的。一名守卫在当值时睡着，会因违反“战争法条”而被公正地处决，尽管对这类犯罪行为的直观不满感受并没有这么严重。虽然公正在所有社会形态中都是必需的，但斯密认为其规则可以不断改进。他通过对比早期社会环境的差异，在《道德情操论》里作了总结归纳：在早期社会，公正体系没有规则（想想家族世仇），而在“更文明的国家”，“对正义的本能态度”达到了“准确和精确”的程度（《道德情操论》第341页）。

后面这两个品质是关键。基于他们的准确性和精确性态度，公正的规则是呆板的或者说是严苛的；一个行为要么合法，要么不合法，对任一侵权行为都有确切而不是随意的惩罚。这些规则不是刻在石碑上的，也不是依靠英才发现的，而是“自制力、教育和榜样”的产物（《道德情操论》第163页）。换言之，我们社会化了，变得举止恰当得体。多亏了这种学习经验的分享，几乎每个人都能过上体面、无可指摘的生活。在社会上生存

48 并不需要具有圣人或英雄非凡超俗的品质。个体差不多总能和平共处，因为他们已经成长起来，共享同种正义感。这种情感上的一致是信任的源泉。由此逐步培养起相互信任，相信其他人是可以信赖的。他们会偿债，信守承诺，在合伙企业中履行其职责，等等。

这种信任是现代商业社会成功的先决条件。商业社会建立在可靠性的基础上。其成员需要确信义务会被履行，合同会被遵守，违规者会受到惩罚。如果公正的规则不严格、多变，那么这种确定性就会打折扣。失去了确定性和对其他人行为的互信，劳动分工、交易、市场将再无可能。这是《国富论》的一个关键论点。在《道德情操论》中，斯密以商人社会为例说明了公正的不可或缺性。他故意选择了这样一个没有“相互爱恋和情感”的社会为例（《道德情操论》第86页）。这些情感并非必需的，买家和卖家可以在相互没有任何情感羁绊的情况下共存。网上购物就是例证。

斯密承认，这种缺少爱的社会没什么吸引力。然而，它仍然是守则的。通过遵守规则，其成员公正行事，他们至少会遵守“不得伤害他人”的禁令。这种克制是一个“完全清白、公正的人”的标志（《道德情操论》第218页）。但这还不是他的全部品质。斯密还认为，事实上这个人不仅是遵守正义的规则，他也敬畏规则。这种敬畏之心也不是孤立存在的。斯密认为，这种品质与其他美德伴生，比如说博爱和仁慈。

仁　慈

49 尽管有那些伴生品质，但正义的不可或缺性意味着仁慈（慷慨、仁爱、感激等）对社会的存续来说不如正义那么重要。对此无需大惊小怪。这是斯密教授法学时老生常谈的内容。在此背景下，绝对义务和非绝对义务泾渭分明。仁慈是一种非绝对义务，而公正是绝对义务。做这种区分的意义在于，尽管不能通过法律强迫你慷慨、大方、友善或彬彬有礼，但你若入室盗窃，必遭惩罚。

公正行事是消极的。仁慈行事是积极的，就是得去做些事情。仁慈之举的对象通常是我们所认识的人。这反映了斯密所谓的“习惯性同情”，这种同情产生于家庭成员、朋友、同事和同胞之间相对持久的互动之中（《道德情操论》第219页）。在那些特定或局部区域做好事是可能的，普济救世是不现实的。在实践中，仁慈是由我们决定的，必然会按个人偏好行事。我很乐意让我的朋友免费住在我的公寓里，但不会愿意这样款待陌生人。

相比之下，公正不能自由裁量，是不偏不倚的。我们与肉贩的交易（比方说）是购买香肠；正如斯密在《国富论》中所说，我们不会在这种普通事件中祈求他们的博爱或仁慈，而是依赖于他们的“利己主义”（《国富论》第27页）。当然，这不是说肉贩就不能仁慈，她可以施舍一些香肠给乞丐，但这全凭她的意愿，而以足量的香肠换取相应的货款则不是可任由她自行决定的事。

斯密通过强调公正具有严格的规律性来限定其范围。他认为，这种限定比其他两种更宽泛的观点更具优势。对斯密而言，他的限定论的优势在于，它比另两种观点更加精确、更加确定，这些是很关键的理论特质。 50

按照其中的第一种观点，公正囊括了所有美德，因此不欣赏一件艺术品同不在乎自身幸福一样是不公正的。这种观点过于宽泛，毫无精确性。按照第二种观点，我们没有救济或感激那些值得我们救济或感激的人，就是不公正地对待了他们。从斯密的角度看，这种观点仍然会带来不确定性。可能科林认为向无家可归者提供公共资源是公正的，而伊冯娜认为把这些资源给癌症患者才是公正的。尽管他们意见不一，但他们都以公正为由来促成他们所选的事务。这使得公正的诉求模糊不清、没有定论。然而，科林和伊冯娜都认同惩罚入室盗窃者是公正的。在此，公正无需争辩。

斯密在《国富论》中指出，经济有效运转需要有共识，需要有对窃贼必定受罚的信心。因不知道是癌症治疗还是经济适用房会得到资助而造成的不确定性，增加了提前做计划的难度。有限的资金应当用于研发药物还是用于盖房子？

“看不见的手”

20世纪以来，是无家可归者还是癌症患者应当获得公共资源，被看作“社会”或“分配”公平问题。基本原则是，分配应当以实现“公平”社会为目标。从社会公平的角度来说，应当让那些低收入者能够买得起房，通过公正合理地从高收入者那里再分配一些资源出来就可以做到这一点。从这个意义上说，斯密没有形成一套关于分配公平的理论，但在他那个时代，这也正常。

更与众不同但并非独一无二的是，他认为有意进行资源再
51 分配的政策，未必是使物质生活更为繁荣昌盛、造福所有人的最佳方法。斯密用“看不见的手”这个暗喻来说明这一点。他用了这个暗喻三次。在“天文学史”中，它指的是神的行为。在

《国富论》中，它指的是投资决策，尽管他在那本书里说这个词适用于“其他许多情况”（《国富论》第456页）。

第三次是在《道德情操论》中运用，在一段复杂而棘手、需要澄清的论述中突然就出现了这个暗喻。他宣称，人类之所以有动力奋斗或勤勉刻苦，是因为他们想象自己会享受“财富和成就卓越所带来的乐趣”。为了获得这种想象中的幸福感，所需的劳作和辛苦看起来都是值得付出的代价。然而，斯密将之形容为一个“骗局”。与同情理论中对想象的中性、纯叙述性定位不同，此处似乎具有臆想或痴心妄想的特点。在这段论述中，“想象的”似乎与“真实的”对立，逊于“真实的”。所有的苦干并不能产生“真正的幸福感”或“真正的满足感”。实际上，幸福见于“身体安逸、心态平和”，这些并非富人的特权，即使是乞丐也能享受到。富人身边摆满的“小玩意儿”并不能使它们的主人“幸福”。

心神安宁是幸福的关键，这个说法由来已久。这是斯多葛学派的核心信条，这种起源于希腊、由罗马人发展起来的哲学观点，在斯密时代有很多拥护者。斯密同18世纪其他学者一样，熟知这一哲学。根据斯多葛学派及其追随者的观点，我们只应看重那些在我们控制之下的东西（比如心态平和），而不应看重财富或权力等超出我们掌控之物，因为这些东西会失去或被夺走。但斯密不是斯多葛学派的。一面是理性的自控和简朴的生活，另一面是享受物质财富和舒适的生活，他反对这样将二者完全对立起来。

之所以反对这一点，是因为斯密认为这种蒙骗具有积极作用。想象中令人愉悦的富人生活方式，的确具有激励作用。由此激发的劳作和勤奋改善了人类的生活。人类生活的物质条件和精神环境都已发生了变化。为了描绘这种变化，斯密大肆运用了他的另一种修辞学套路。正是这种蒙骗：

> ……最初促使人们去耕种土地、建造房屋、创立城邦，以及去发明和改进各种科学和艺术，这丰富和美化了人类的生活，彻底改变了世界的面貌，使自然界的原始森林变成适宜耕种的平地，把荒无人烟的海洋变成新的生存资料和连接地球上各个国家的通途大道。（《道德情操论》第183—184页）

其中的含义很清楚。如果坚持斯多葛学派的戒律，人类将自己限制在所谓“真实的”满足感中，那么人类的生活将仍然是原始野蛮的。对斯密来说，贫穷并不值得推崇或是称颂。正是因为极度贫困，野蛮人才被迫让他们的孩子早夭。为强调说明这一点，他在后面将土地耕作和制造业发展、商业繁荣一并称为造福人类的“真正”进步，他重申了是这些使人性“变得更高尚”的论断（《道德情操论》第229页）。

《国富论》完整地描述了这种积极的变化——从悲惨的贫困生活走向普遍富裕，而这些进步对于分配的作用是在《道德情操论》中阐述的。富人雇用了那些“装饰”他们豪宅的人。他们雇人并不是出于正义或同情，而是因为他们想要那些装饰和玩意儿（斯密毫不忌讳地说这些欲望是“虚荣、贪得无厌的”）。正
53 是在追逐其欲望的过程中，富人无意识地进一步扩大了社会上的受益面。然后（最后）斯密用了那个暗喻：富人“被一只无形

的手指引着”去分配“生活必需品”，这跟有意或刻意进行分配一样有效（《道德情操论》第184页）。随着财富的增长与扩散，这些“必需品”可以包括住房和药物。

这样斯密就前后贯通地论证了不必将分配作为公平的一个方向或目标，他的严格限定论同样也能得出这个结论。当然，实现这些是需要一些社会条件的，《国富论》中对此作了论述。在《道德情操论》关于看不见的手的论述中，简要重述了一些神学的话。这世上少数“尊主”和芸芸众生的划分，是上帝的工作（《道德情操论》第185页）。

但这故事还没完。上帝没有抛弃芸芸众生，因为（感谢看不见的手）他们在所生产的产品中分得了自己那一份。这符合当时的共识。在认知理解力有限的情况下，人类应当相信智慧的上帝已安排好最有利的结局。然而，斯密对此没作详细阐述。除了一些典故外，他在此书的任何地方都没有引用《圣经》的文本或者注释。这方面吝于用词有助于强化《道德情操论》所意图阐释的要义。然而，这还不是他对富人和穷人关系的全部看法。

阶层与堕落

富人与穷人如何彼此发生联系，是同情的另一个实例。人类更容易同情快乐而非忧伤。斯密给出的理由是，相比由幸福表现出来的快乐之情，悲伤的深度和强度更难让人跟从。他以 54
此来解释这样的社会现象：富人炫富，而贫者掩贫。作为社会性生物，人们从他人的认可中获得快乐。这就是为什么富人重视他们的财富。这少部分是因为他们能买到的巨大物质享受，更多的是因为他们的财富所引来的尊重或声望。他们渴求被别人仰慕,更甚于自身从小玩意儿中得到的快感。

这会对社会产生直接的影响。斯密在《道德情操论》中用过,在《国富论》中多次使用的一个说法的背后,就是这种想被人仰慕的渴求。我们都想“改善我们的状况”(《道德情操论》第50页;《国富论》第99、341、343页)。我们都想被人仰慕,而实现这个愿望最可靠的办法就是致富。接着,我们努力改善我们的物质条件,并由此使自己达到受人仰慕的地位。这种成为被仰慕对象的愿望,描绘了(斯密式)世界的运转方式,其证据是,人们显然的确都“追随权贵者的喜好”。斯密将此现象解释为一种“人类性情”(《道德情操论》第52页)。人们愿意钦佩他人,而并不企图从中有任何获利。

斯密接着说,这种性情恰恰是等级差别的根源。“社会阶层”一词那时还没成型。这符合斯密眼中的事实,但也是他公然背离其分析或描述方法的地方之一。在扩写的第六版中,他在讨论等级的章节之后紧接着增加了新的一章。这章的标题具有指示性:“论由钦佩富人或大人物、轻视或怠慢穷人或小人物这种倾向引起的道德情操败坏”。在这一章中,他坚持认为区分等级是必要的,有此才有社会秩序。实际上,在另一个版本中他重申了等级的地位,强调“社会平稳有序”比“救济可怜人”更重要
55 (《道德情操论》第226页)。

但即便在这第二个章节中,斯密也是武断的。富人和大人物“往往”比智者和贤人更受青睐。富人与贤人之间的反差是这个新增章节的主题。二者都会被人仿效。但是,想仿效智者和贤人的,明显是少数,斯密如此哀叹。相比之下,富人和大人物的“崇拜者”则是“乌泱乌泱”的(《道德情操论》第62页)。

尽管他的用词透露出了他自己的判断，但他并不进行道德说教，也不试图指责或公开主张改变情操。他再一次接受了经验做法。证据表明，在实践中，即便在功德相同的情况下，大多数人也会更崇拜富人和大人物，而不是穷人和小人物。必须尊重事实证据，道学上的担忧改变不了事实。

斯密在这一章进一步介绍了处于“社会中下层”那些人的情况和德行。他把这些人与处于“高层”的人进行了对比。他指出，一名年轻贵族的主要目标是在舞池里大出风头，他会对不得不锻炼博学、勤奋、耐心或自我否定等品行的可能性感到惊骇。然而，这些品行却是那些中下层人所具备的。正是通过自身的努力和能力，他们才得以改善其状况并行走于世。斯密相当沾沾自喜地推崇这种以功绩定地位的场景，他指出，在那些阶层里，能力通常会获得相应的成功回报——在大多数情况下，美德和财富幸运地恰巧相合。

斯密没有公开说，这种幸运的情形描述的是一个商业社会，而不是一个由贵族决定道德基调的社会。《国富论》中有关后苏格兰联盟的内容可以支撑这种解释，其中谈到了“中下阶层”已经摆脱原来贵族的强权压迫。类似这样的段落也表明，斯密对 56
道德的讨论远不止分析公正与仁慈。

谨慎与其他美德

从西方道德哲学的开端——苏格拉底学说开始，就确定了四种“最重要的”美德。这四种美德包括谨慎、节制、公正和勇气。在这些美德中，斯密认为谨慎是对我们最为有用的一种。谨慎意味着关注自己的健康、财富、地位和声誉。公正的旁观者赞同谨慎行事，因为这表示愿意牺牲当下利益（如花钱买辆小摩托车）来换取未来更大的回报（如存下钱买辆轿车）。尽管谨慎和公正一样不是“最高尚的美德”，但它极为适合商业社会的氛围（《道德情操论》第216页）。在该社会，谨慎的性格或美德就是指处理好自己的事情。他们不喜欢兴风作浪或是掺合公共事务，更不用说追名逐利。

正如他在《国富论》中所述，谨慎和公正一样极为适合这样一种社会：每个人“在某种程度上都是一名商人”（《国富论》第37页）。节制，或称为克制、自控等美德亦是如此。但是，商业社会对之做了重新调整。在更宽容的家庭或朋友圈等环境中，不怎么需要协商就能达到同情的一致，相较之下，在彼此相对陌生的市场中，需要费更大气力协商才能使演员与观众和谐或一致。多付出的这些气力，具有强化这种特性的效果。换言之，现代商业社会中的演员可能要比部落式或抱团式时代更能自我克制，更持久地展示自控的美德。不负责任或鲁莽的行为，较容易得到朋友和家人的原谅或容忍，而要获得银行这样“素未谋面”的
57 机构的谅解就比较难，尤其是你想弄到贷款的时候。与陌生人来往会促进自律。酒吧里朋友间热情豪放的行为，放到公共交通工具上就会变得很不合适。

斯密将商业活动的这些影响称为自控的“温和”助力。你不必为了获得银行贷款过完全无趣的生活，只需要有适当的自我控制力就行。这些温和的助力给勤劳和节俭等独特的商业美德增添了“光彩”（《道德情操论》第242页）。斯密谴责了那些支持更严苛的体制而宁愿贬低这些美德的人。他再次将斯多葛学派视为靶子。此外，他还将矛头指向了那些他称之为“牢骚满

腹、抑郁寡欢的道德家们”。这些道德家认定，当还有很多人在遭受贫困和疾病折磨时，享受“繁荣的喜悦”是错误的（甚至有失虔敬）（《道德情操论》第139页）。《国富论》的主要论点之一就是驱散这种阴郁的画面。在一个组织有序的商业社会中，繁荣的喜悦不仅限于富人，穷人同样有他们自己的快乐。

斯密在商业美德与温和的自我控制之间建立起的联系，也与勇气——第四种最重要的美德——有关联。前三种都很适合或者说适应商业社会，但说到勇气就不那么容易了。它与现代生活并不合拍。在商业社会，另一种更为恰当的美德取代了它。在希腊语（andreia）和拉丁语(virtus)中，勇气和美德这两个词的词根同男性的词根是一样的（aner-andra/vir）。勇敢在字面上的意思就是像个男人一样作为。反之，温柔就是女性的特质。斯密并没有质疑控制自身的恐惧是一种美德，但是他实际上用“人道”这种美德做了替代，他称之为“女人的美德”（《道德情操论》第190页）。

斯密将人道柔情的表现与对他人感受的高度敏感性联系在一起。人道是一种“软性”美德。它出现在商业社会，反映出社会和道德的进步。这中间有个从硬到软的转变。“野蛮人”杀婴 58
就是个例子，但这并非个案。比如，野蛮社会重视抵御拷打折磨的能力，但按斯密的观点，这种坚忍削弱了他们的人道精神。能够忍受拷打折磨的痛苦，并不是具有自我控制或勇气等美德的典范。斯多葛学派漠视身体的痛苦（即便锁链加身仍能保持内心淡定）也不值得称颂。

即便斯密认可控制恐惧和愤怒是“伟大高尚的”（如英勇的人在战场上所表现出来的），但这也是有限定条件的（《道德情操论》第241页)。他指出,不是在服务于公正和仁慈之时,这种品性会被用来加剧不公(像成吉思汗般伟大的勇士曾屠杀和奴役所有人)。相比之下,自我控制的"温和努力"鲜少导致糟糕的后果,也不能认为这些努力是低级的。恰恰相反,只有在和平、文明的社会中,这些努力才有其归宿,相应地,在这些社会里才能看到人道精神和自我控制。更重要的是,能看到它们达到了最高的程度。

随着从硬走向软,相对于人道精神,勇气的重要性在下降,还有另外一方面因素。野蛮人容易"撒谎和弄虚作假",勇敢的战士爱干的不正义之举也会采用欺骗的形式(比如希腊人留下木马来渗透特洛伊城)。与之形成鲜明对比的是,一名"有教养的人"会养成那些让他"坦诚、开放、真挚"的习惯(《道德情操论》第208页)。斯密在格拉斯哥大学演讲中讲到,诚实和守时是"商业国家最重要的美德"(《法学演讲》第539页)。按照协商一致这个斯密道德理论的核心观点,这些最重要的美德会相互强化。诚实生诚实:值得信赖,你就会被信任。结果就是举止有序、相互信赖,以及对他人的行为有信心,这恰恰是现代社会
59 的标志。

斯密全部哲学理论的核心是,商业社会中的个体("某种意义上的"商人)通常来说都能公正、谨慎、仁慈行事。他认为"道德"和"经济"并不相悖。19世纪首次提出的所谓"亚当·斯密问题"认为,《道德情操论》中的"同情"与《国富论》中的私利是相悖的,但这是对这两本书的误读。斯密在《道德情操论》中阐发的公正、谨慎及"繁荣的喜悦"等观点,都是《国富论》中不
60 可或缺的一部分。

第五章

制造与工作

《国富论》是一部巨著。完整的格拉斯哥版有两卷，总共超过九百页。这是一个漫长的创作过程。该书出版于1776年，其根源完全可以追溯到斯密18世纪50年代在格拉斯哥大学的演讲。在法国的那段时光塑造了他的思想，他在那里遇到了好几位研究相关主题的思想家。他还从格拉斯哥的商人和苏格兰的地主那里获得了实践资料。多亏了巴克卢公爵家慷慨的补偿金，他从法国回来后得以集中精力来创作这本书。这花了好几年时间，其中大部分时间是和他母亲一起在柯科迪度过的。

《国富论》是经济学史上最著名之作，因为它是“现代经济思想之父”。有此声誉是源于它是斯密所称的“商业社会”（“资本主义”是后来的新词）的首次系统分析。在斯密之前有很多其他的书讨论他所讲到的问题。其中多数专门讨论某个方面的书或小册子，例如维护东印度公司这样的贸易公司，或是支持贸易平衡和商人利益等。也有其他一些著作确实提出了更普遍、更理论化的方法，就像《国富论》那样，学者们追本溯源认为斯 61

密受益于这些著作。斯密本人鲜少提到参考了其他著作（他只例外地提到了休谟的著作），但客观地说，那些著作所做讨论的广度和深度都不及斯密。休谟写过一些有启发性的文章。理查德·坎蒂隆可能是在他之前做过最系统分析的一位，但他也不像斯密，他没有将分析置于广泛的历史和社会背景之中。

《国富论》的篇章结构

这本书虽然系统，但很复杂。它里面有一些斯密明确称为"题外话"的内容。其中一个（关于白银的价值）长达七十页。这本书还讨论了一些当时的热点问题，最引人注目的是英国和美洲殖民地之间日益紧张的关系。《国富论》有五卷，被分成若干章节，其中有些又被分成若干部分。书中有篇非常简短的导论；这篇简论很有用，因为它突出了斯密自己所认为的关键点。

第一卷讨论了劳动分工的作用和程度（他在导论中称之为劳动生产力），以及劳动产品如何在不同的部门或阶层中分配。在本卷的小结中，斯密特别重视将"野蛮国家"的悲惨生活状况同"文明繁荣国家"的生活进行对比（《国富论》第10页）。这种对比是贯穿《国富论》的一个重要主题。他心中笃信，商业社会优于早期社会生活形态。

第二卷研究了"股本"或资本。本卷讨论了股本是如何积累的，以及其不同的运用方式。在此讨论过程中，斯密对非生产性劳动、生产性劳动或称有用劳动做了区分。这不是道义上的区分，暗指后者比前者更好。按他的标准，斯密本人作为一名教授或作家是非生产性的。制造商（如钉子制造商）用特定材料（用金属制造钉子）制作出一件经久耐用的产品，从而创造出能够再投资的资本来促进经济增长，而《国富论》的作者与之不同，他不能生产或产出任何同样“具有生产力的”东西。

第三卷更清晰地再现了他在格拉斯哥演讲的一部分内容。它更加注重历史性，概述了封建土地所有制及因此给予土地所有者的社会和政治权利是如何逐渐被商业社会取代的。这种取代有一系列意想不到的结果，这是贯穿《国富论》和斯密著作的主线。

第四卷主要是辩论式的。斯密瞄准了他观点的主要对手。他将这个对手称为重商主义制度。该制度计划按照鼓励出口限制进口的原则来管理经济。国家的财富在于财政盈余，它对生产者而非消费者有益。但是斯密认为，国家的财富在于劳动生产率以及由此带来的生活水平提高，实现这个结果最好的途径是自由贸易。《国富论》之所以是一部巨著，原因之一就是斯密不武断。他的推理细致入微，他的论据往往是有限定条件的，因此他支持自由贸易，也允许有例外情形。

第五卷是最长的一卷。它集中阐述财政收入和支出的来源。后者即支出主要包括维持必要的社会事务运转，如政府和教育，但这些从斯密的技术角度看是非生产性的。前者研究如何为这些事务提供资金，或者说提高税收收入的有效方法是什么。这就引出了最后一个话题。通过政府借款或发行公债也可以获得财政收入，但正如他所指出的，这种方式的意外后果是可能使事态恶化。 63

社会发展阶段和商业社会前史

作为18世纪接受过良好教育的人，斯密学习了希腊和罗马文学的经典。他还从传教士和航海家的报告中获得了关于美洲、亚洲及波利尼西亚社会的信息，这些社会与他所处的社会有很大不同。然而，18世纪前叶拉菲托神父对易洛魁族人的记述，与公元1世纪历史学家塔西佗对日耳曼部落的记述有相似之处（这两位作者斯密都引用过）。18世纪的海塞与巴塔维人曾定居的地方大不相同，而斯密时代的格拉斯哥与安特卫普没太大差别。从这些信息中可以得出两个结论。商业社会只是社会形态的一种，是现代化的社会。这使得斯密及其他启蒙思想家，尤其是他的苏格兰同胞，对社会做了历史性的划分。有些社会生活形态应当被认为比其他的形态更为先进。

在格拉斯哥的法学演讲中，斯密按粗略的历史排序将社会分为四种形态，从狩猎、游牧、农耕发展到商业阶段。其大背景是财产权的发展。定义区分阶段是一种教学办法。他用这种方式向学生们展示不同的社会环境是如何导致不同的所有权形式和管理模式的。这四种形态中的前三种都围绕着生存占主导的模式，其他很多作者也发现了这一点。斯密明确提出“商业社会”的与众不同之处，他在这方面是先驱者。《国富论》对这种社会作了系统研究。尽管“四个阶段”不是这本书的突出重点，但他将商业社会作为历史上独特的社会形态，这是一个很重要的
64 背景。

在这四个阶段中的第二阶段，领导人都是那些最大的畜牧业主，同样地，在第三阶段农耕阶段，权力掌握在土地所有者手中。斯密很清楚，当权者用所拥有的权力来保护他们自己的利益。在格拉斯哥演讲时，斯密就直言不讳：在那些阶段里，政府不是中立的，因为实际上它是“富人压迫穷人的集合体”（《法学

演讲》第208页）。而商业社会时代没有这种偏颇。商业时代是依据客观法律规定而非依照可汗或是封建领主个人的准则进行管理。他在1790年版的《道德情操论》中也提出了这个观点，在该书中他写道，“在商业国家”，其“法律的权威足以保护这个国家中最低微（如最穷的）人”（《道德情操论》第223页）。

封建领主是他们领地的主宰。他们解决争端、强化纪律，并命令佃户为他们而战。他们能够这样做，是因为他们拥有他们所号令的人赖以生存的土地。佃户只有遵从领主的命令，才能种植并保有一部分作物。但是，当海外贸易引入奢侈品之后，这种情况发生了变化。为了获得斯密故意称之为无聊而无用的物品（他提到了钻石搭扣），领主们卖掉土地或是授权长期租约。这一举动的后果是削弱了他们的号令权和审判力，因为那些过去的依附者变得独立了。斯密生动地描述了这种转化，正是“为了满足那些最幼稚、最过分、最龌龊的虚荣心”，这些地主渐渐放弃了他们的全部权力和权威（《国富论》第419页）。

斯密称这种变化是“对大众幸福而言最重要的革命”（《国富论》第422页）。但这种变化并不是为促进公众利益有意为之 65
的，反而恰恰是个意外的结果。每个参与其中的人都想方设法为自己谋利。地主为了享乐而想要搭扣，供应搭扣的商人出售这些商品是为了谋生，那些待在土地上的租户（而不是搬到其他城镇去做生意）这么做是因为这样他们可以自食其力。

这场变革十分重要，因为这使得“规范司法”成为可能。司法管辖不再是零零散散的土政策各自为政，统一的法律体系（逐渐）出现。这种统一至关重要，没有它，商业社会不可能存在。《国富论》对其性质和成因进行了科学探究（正如该书全名所描述的那样）。然而，与大多数当代经济学不同的是，斯密的研究敏感地认识到这样一个事实，即他所分析的对象是历史的产物。

劳动分工

斯密认为，一个发达的商业社会“是普遍富裕的，这种富裕覆盖到了最低阶层的人”（《国富论》第22页）。富裕覆盖的广度是最重要的，在此斯密指的不仅仅是财富或财产，而是购买力。其他的社会也富足过，但这种富裕仅限于上层阶级。商业社会的显著标志之一就是，低等阶层的人不仅基本需求能够得到满足，还能享有更高品质的生活。在这本书开篇一针见血的总结中，斯密声称这些阶层的住房的质量超过了“许多非洲的国王”（《国富论》第24页）。此外，商业社会有足够的资源照料那些弱势群体——不再会因极度贫困而选择杀婴。《国富论》的中

66 心任务就是阐释这种变化，解释经济增长和发展，与此同时，也解释了社会福祉和个人幸福感的提升。

这种广泛富裕不会凭空在社会中出现，它只可能在“良好治理的社会”中出现。《国富论》不仅是一部经济分析著作，还是一部有政治哲学体系的著作。从他在格拉斯哥的一段演讲中能够看到这一双重特性的蛛丝马迹，他告诉学生“富裕和自由是人类能够拥有的两大幸事”（《法学演讲》第185页）。

普遍富裕的根本原因是劳动分工。斯密认为这种工作专业化源自人类天性中愿意“以物易物、讨价还价、交换”的一种“行为习性”、倾向或性情（《国富论》第25页）。他只是断言人类有这种性情，尽管他也推测这可能是理性思考能力和语言能力所带来的。早期在格拉斯哥大学课堂上，他曾将以物易物的行为

习性同“天生爱说服”联系在一起（《法学演讲》第352页），在《道德情操论》中他将之称为人类最强烈的渴求之一。斯密的著作之间相互关联，在“语言思考”中他将野蛮人的话语表达作为语言的起源，因为他们试图“相互理解彼此的需求”（“语言思考”第203页）。

由于劳动分工是人类天性使然，因而这适用于每个人。由此可见，它不是商业社会独有的特征。它在四个阶段中都存在。关于隐约谈及的第一阶段，斯密举了这样一个例子，一名娴熟的弓匠发现通过用优质的弓向更专业的猎手交换他所猎杀的鹿
肉，比自己去杀野兽所能得到鹿肉更多。这种分工是原始的，因 67
为在商业时代之前进行广泛交换的机会很小。为什么在早期阶段是这样，而到第四阶段就不是如此了呢？这取决于法治所产生的安全感——一个治理良好社会的决定性特征。

斯密用了一个著名的制钉的例子，他称之为“微不足道”的制造业（《国富论》第14页），来说明广泛的劳动分工如何带来富裕。斯密总是精心选用这个例子，因为它家喻户晓。他计算出，通过劳动分工，10个人一天可以制造出48 000枚钉——平均每人4800枚。但是，如果某个人要做所有的工序（鼓风炉、拉直、切割、布线等等），那么只能生产不到20个。对此他给出了三个原因：将每个人的任务简化为“一个简单的操作”，提高了灵活性；无需从一个任务转到另一个任务，省时省力；通过专注于某项任务，可以发明出更好地完成这些任务的方法（《国富论》第17页）。斯密在他书的后面还谈到了这种专业化有个缺点。

像这样的劳动分工提高了“劳动的生产力”，是经济增长的引擎。但这并非一个独立的过程。其广泛性——创生富裕（大

量廉价的钉子）的关键——取决于市场规模。当人口少且分散时，大规模市场的空间就小。在这种情况下，就没有专业化生产出富余产品来交换另一种专业化生产的富余产品的动机，那种进行交换的习性大都处于休眠状态。斯密以苏格兰高地为例说明了人们是如何被迫为了自己去完成许多任务的，“每个农民”必须还是自己的“屠夫、面包师和酿酒商”（《国富论》第31页）。

68 下例援引了《国富论》中最著名的一段话：

> 我们的晚餐不是得自屠夫、酿酒商或面包师的仁慈之心，而是得自他们各思其利。我们不是指望他们的人道主义，而是指望他们的利己主义，我们从不对他们说我们的需求，而是说他们的利益。除了乞丐，没人会主要依赖同胞的仁慈之心。（《国富论》第27页）

我给屠夫付钱，她给我香肠。这并不是说人类仅仅是被利己主义所驱动。《道德情操论》通篇都在反对这种说法。屠夫可以仁慈地给乞丐一些肉，但那只是偶尔为之，因为如果她把产品都送掉，她的生意无法长久。也不是说，人类只单纯地想满足自身的基本需求。正如他在演讲里所说，人类工作不仅仅是为了获得衣、食、住，还有基于其“精致”品位所需的“便利设施”，以及成为被仰慕的对象（《法学演讲》第488页）。这是我们人类的一部分。就像（现在的）老话所说，人活着不只是为了吃饭。

当面包制造与酿酒或屠宰业分离而单独成为一项事业，劳动将更为专业，就会形成更大的需求市场。如果我能合理预测到其他人会专业生产其他食物，我将会只专业做面包，这样当我带着做好的面包到市场上时，我可以通过货币媒介，用面包换到其他产品。决定从事专业生产的基础，是对未来有稳定的预期。屠夫可以依靠面包师得到面包，面包师可以依靠屠夫得到肉品。

那种信赖或信心需要有人来担保。这就是斯密认为政府应该发挥的核心作用，因为政府负责构筑一个公正的体系。当其 69
他人的行为不可预测，则自力更生、自给自足、不依靠他人是审慎的。每个人都要生产自己所需的所有食物。然而，这种选择自然意味着放弃因相互依靠而带来的丰足——这种情况下可吃的东西很少（苏格兰高地远不如格拉斯哥繁荣）。

斯密用粗羊毛外套的例子说明了商业社会成员的相互依赖性。他评论道，即便是如此简陋的产品，在制造过程中也直接和间接地有数千人参与其中，例如大衣制造者所用工具的制造者。这种相互依赖性极为广泛，“如此，每个人靠交换为生，或者说某种程度上都是商人”。当出现这种情况时，这“完全就是一个商业社会”（《国富论》第37页）。

以此为基础，斯密进一步作了更详细的技术性探讨。不得不说，这些探讨并不总是能如其本相那么清晰或是与本相一致。例如，他区分了四种类型的价格和劳动的不同作用。

劳动、价格和价值

《国富论》在开篇就强调了劳动的重要性。“生活所需的必需品和便利设施”都是直接或间接通过它获得的。当我烤面包自己吃时，这是直接的；当我买一条面包时，这就是间接的，也就是说，我购买了一位面包师的劳动。而相互依赖意味着面包师必须从磨坊主那里购买面粉，从厂商那里购买一个炉子。劳动产品的买卖需要一个市场，还需要某种机制来计算面包、小麦、烤炉价值几何。这使斯密开始研究棘手的货币、价格和价值问题。

斯密将货币描述成“流通中的重要轮子、商业中的重要工
70 具”（《国富论》第291页）。除去立即以弓换鹿的以物易物，必须有一定的标准使屠夫、面包师和酿酒商能够进行交易。他列出了一长串曾经作为标准的商品——牛、贝壳、糖等等。但是他说最终都趋向于金属，因为金属不易腐烂老化，而且可以分割。在商业社会，纸币渐渐地替代了金银——这种进步使得斯密在本书后面开始讨论银行和信贷问题。

但货币只是一种工具。消费者要为面包、牛肉、啤酒（和烤炉）支付多少钱，是另一个问题。这就提出了经济学史上最旷日持久的一个问题——价格和价值的关系。有些东西具有“使用价值”，例如水。有些东西具有“交换价值”，比如钻石。斯密观察到，尽管水具有最大的使用价值，但它没有可交换的价值（你不能用它得到很多东西），而钻石的情况恰恰相反（你可以用它们换到很多东西）。尽管这种区别很重要（例如，这是卡尔·马克思经济学的关键特征），但斯密关注的是“调节商品交换价值的原则”（《国富论》第46页）。为什么一条面包的价格是1英镑，一品脱啤酒的价格是2英镑？

他通常是从简单的近乎于直觉的观察开始，然后再展开更详尽的分析。他假定，狩猎时杀死一只河狸所耗费的劳动是杀死一头鹿的两倍，那么一只河狸可以换两头鹿。这就是它们的“交换价值”，在这种简单的情况下，它是根据生产所耗费（或包含）的劳动多少来计算的。劳动是衡量交换价值的真正标尺，这

构成了商品的“实际价格”。它不同于“名义价格”或者说实际付款金额（一条面包1英镑）。劳动通常是最终决定因素，随着情况变得比鹿换河狸的例子更复杂，斯密继续优化完善他的分析。当我购买而不是自己烤面包时，我实际上是在“掌控”面包 71
师的劳动，而这又包含了他从磨坊主和烤炉制造商那里所掌控的劳动。

他接着指出了劳动的三个组成部分。它不仅衡量在烘焙中付出了多少艰辛或努力，还衡量种植小麦的土地价值，以及制造销售面包烤炉的成本。这三种劳动都有自己的当地市场价格，它们共同构成了面包的“自然价格”（《国富论》第72页）。对于所有可销售的商品，这个价格是由足够支付租金、工资和为一件货物“生产、准备、进入市场所投入股本”的利润回报所决定的。这些都是当代术语所称的“生产成本”。

斯密现在描述的不是一个原始狩猎社会，而是每个人“在某种程度上”都是商人的发达社会。但哪怕是在这样一个社会发展起来之前，劳动也是很难计量的。货币使问题简单化了。计量货币的数量（付多少钱）比计量劳动的数量和质量更简单。但是，这种简单意味着其容易波动。例如，金银的供给会或多或少、收成会或多或少、工人会或多或少，而更普遍的是“市场上的讨价还价”会产生一个现行价格或“市场价格”（《国富论》第49页）。

他用公共悼念活动的例子来说明市场价格波动。在这种情况下，对黑布需求突然增加会提高黑布的价格，因为现有数量是相对短缺的。斯密用这个方式说明了现代“古典”经济学的一个核心观点，即价格由供求关系决定。但是，对他来说，正是有

72 了这些波动，市场价格与自然价格解析起来始终有区别。

它们可能一样，但市场价格也可以高于或低于自然价格。出于这个原因，马克思称他为“古典政治经济学”的代表（事实上，除大卫·李嘉图外，他是“最好的”）。

根据斯密的分析，由于市场价格总是波动，所以它无法真正解释为什么面包是1英镑一条、啤酒是2英镑一品脱。自然价格才能对此作出解释。斯密用了一个发人深省的比喻。他说自然价格是“如地心引力般不断吸引所有商品向其而行的价格”（《国富论》第75页）。此处耐人寻味的是，他用了牛顿想象出的“地心引力”一词，斯密暗指他科学地解释了经济运行方式，堪比牛顿在宇宙方面的建树。

在他看来，他已然发现了交易的调节原则。若供需之间存在缺口，那么地主、劳动者、制造商通过增加供给来弥补缺口是符合他们利益的。这种活动就是重力牵引，当地主和其他人不受人为限制时，它会发生作用。现在称之为平衡的过程。斯密的成就是揭示了市场运行具有规律，或者说有不断重复的模式，而不是一系列随机、随意的互动。这足以让新古典经济学家称他为这门学科之“父”。

劳动、土地、资本构成了自然价格的三要素。这使得斯密将收入的来源划分为三重形式：工资、租金、利润。

工　资

在土地变为私有财产和资本积累起来之前，劳动者享有他
73 们劳动所生产的全部产品。随着地主和股东的出现，劳动者无法独立运作，而必须依附地主或后者来谋生。劳动者必须在私

有土地上工作，地主将劳动者的部分产品拿走作为租金。制钉工人需要有人给他提供制钉的材料以及工资（制钉时为生存所需的钱）。在钉子出售时，制造商取走属于他们的利润。

屠夫和面包师的心理也是这样。三方——劳动者、地主、制造商都是受他们自身利益所驱动。而这些利益并不一致。斯密观察到，劳动者希望获得更多，而“雇主”（地主、制造商）想尽可能少给。在力求有利于他们这方的合同时，劳动者们为提高工资会放弃自行其是而加入群体或是“联盟”，而雇主一方也会联合起来压低工资。斯密补充道，后者比前者更容易联合起来，尤其是法律禁止工人联合，而允许雇主联合。这令斯密直截了当地评论道：“雇主随时随地都心照不宣，但都坚定、一致地联合起来不把工资提高到实际应有水平以上。”（《国富论》第84页）

这个价格应有个底线。支付的工资必须至少使劳动者能够维持生活、抚养家庭。这个最低水平是雇主希望支付的。但斯密认为这个目标反映了一种错误认识。他那个年代以及之前的许多经济学家认为，低薪是一种鼓励措施，而斯密的观点截然相反。他支持高薪，因为高薪可以激励工人们燃起“改善生活条件”的希望，从他在《道德情操论》中用过的一段重要论述中可见诸此观点（《国富论》第99页）。劳动者受到的激励越大，生产力就越强。这就解释了为什么在经济增长时期工资水平最 74
高。这支撑起斯密的一个主要观点。核心问题不是工资的货币数量，而是其购买力：这些工资能够买到什么。生产的目的是消费。这条他称之为显而易见的“准则”是全书中最重要的内容。国民财富在于收入和资本增长，在于有更多、更好、更便宜的商品可供、可及。

作为经济学家的斯密和作为道德哲学家的斯密是一致的，从他有关工资的观点中可以明显地看出来。那些为社会提供基本必需品的人自己应当“吃得、穿得、住得还算好”，这事关“公平”。正如他在《道德情操论》中所说，既然繁荣会带来快乐，那么“一个大部分人都贫穷而悲惨的社会不可能是繁荣幸福的”（《国富论》第96页）。斯密在讨论商人和制造商时也重申了类似的道德论调。那些抱怨高工资而对高额利润的负面影响以及“他们自己所得的恶劣影响”三缄其口的人，都是伪君子（《国富论》第115页）。此外，他们具有欺骗性，因为他们总是在寻求减少竞争，实际上他们是在阴谋反对公共利益。

利　润

斯密对利润没有异议。它们产生于资本，投入使用的资本对于催生社会的有用劳动具有至关重要的作用。这个作用是整个第二卷的主题。这是劳动分工的结果，制钉工人没有生产设备无法造出钉子，在钉子售出前必须有钱维持生活。设备的供应和维持制钉工人生活所需的资源都来自现有资本。随之，这些资本必须提前积累。积累得越多，能提供的设备就越好，能支
75 付和获得的激励性工资就越高，这会带来更高的生产力，从而带来经济增长和更大的国民财富。

劳动者自己几无余钱，鲜有机会进行积累。但如果数量达到一定规模后，股东们在扣除个人即时消费和为改善他们的条件所需之后，就会力求从结余资金中获得收益。斯密说，如果他们不这么做，那恐怕是“完全疯了”（《国富论》第285页）。在此，斯密引入了“资本”这一术语，指出资本积累是增长的关键。

斯密将资本分为两种类型。广义上，股东可以通过两种方式来运用其剩余资金。这两种方式并不相斥。他们可以制造商品，然后出售以获取利润，其收益可用于购买更多的材料，以生产更多的商品。由于这涉及一系列交换，斯密称之为“流动资本”（《国富论》第279页）。抑或是第二种方式，股东可以用剩余资金来扩大土地或购买设备。斯密将之定为“固定资本”，因为一旦投入到这些方面就不再发生交换（《国富论》第282页）。通过这些方式投入固定资本的目的是提高劳动生产率。以这两种方式投入资本的比例取决于股东的经营领域，开采煤矿比生产鞋子所需的固定资本投入更多。但是，如果没有流动资本投入提供采矿所用的泵或是制鞋工人需要的皮革，以及维持工人的生活，采矿业或制鞋业中投入的固定资本本身是无法产生任何收益的。

只有在“还算安全”（《国富论》第285页）的情况下，资本才会投入，经济才会随之增长。这是贯穿《国富论》的一条主线。早年间，那时缺少安全，个人会把余钱紧紧攥在手里。他们捂住余钱是理智的而非疯狂的。其结果是没有投资，从而限制了劳 76
动生产率的发展。其效果是固化了穷困潦倒的生活状况，这种生活状况比那些商业社会中最卑微劳动者的状况还要差。让社会中所有人都有安全保障，会使投资成为一种安全而明智的决定。这种安全保障不仅刺激投资，也会促进形成更广阔、更紧密的市场。更大的市场意味着更强的竞争，这会带来物质和社会的进步。

生产率和总体财富的增长，使得供养非生产性劳动成为可能。这种劳动有些是有功能的，其中包括那些从事维护内部和外部安全工作的人；有些是“无价值的”，包括音乐家，以及教会、法律、医药等职业。国家的“财富”还包括学习和文化。

租　金

支付尽可能低的工资符合雇主的利益，同理，尽可能多地向佃户征收租金也符合地主的利益。但情况并不尽相同。租金并不都是为发展而投资所得到的合理利润。区别在于，没有改进提升的房地产仍然可以带来租金收入。斯密明确地提到了苏格兰，举了海藻的例子。海藻可用于制造肥皂和玻璃，但这种原材料完全不是人类工业产品。尽管如此，海岸所有者仍然要求收割海藻的人支付租金。

肥沃土地的租金比不肥沃的高，但当肥沃度相当时，另一个因素就有意义了。离市集近的土地租金更高。其原因是，距离越近，将商品运到市场的运输成本就越低，由此租户的收入就更高，这使得地主可以提高租金。如果运输成本降低，这种租金差
77 距会变小，由此会鼓励人们去开垦那些离城镇较远的土地。这种激励是有益的，因为它催生了新的生产者与更多当地的生产者竞争。正是由于它能促使竞争加剧（对斯密而言这总是“好事”），他认为良好的道路和运河等发达的基础设施是最伟大的进步。

社会阶层

在“文明社会”中，工资、利润、租金这三种收入来源构建起三个相应的“人的阶层”——工人、商人或工厂主，以及食利者或农场主。尽管每个都是社会的一个组成部分，但他们同公共

或总体利益的关系是不同的。这种差异影响到政策制定。斯密发现,在善治方面,每个阶层都有不足。

依靠工资为生的群体的利益与总体社会利益紧密相连,因为社会繁荣,他们也富裕,反之亦然。然而,他们的日常生活环境意味着他们受教育水平相对低下,这使得他们“不适合”对政策施加影响(斯密在卷五中再述了这个缺陷)。第二个阶层——依靠租金为生的“乡村绅士”——是传统政治阶层的中流砥柱,正如斯密所承认的,由于土地作为自然资源是固定资产,他们维护自身利益不会与国家利益相冲突。但是他们懒散,不能专心致志地费精力去弄清楚任何一项公共规制的后果。他在格拉斯哥法学演讲里有一段论述,反映了这种对土地所有者和政治当局之间关系的怀疑,在一个“精良的”社会或商业社会中,“卓越的精神力”十分重要(《法学演讲》第401页)。 78

最后一个阶层,那些收入来自利润的人,比第一个阶层受教育程度更高,比第二个阶层更加才智敏捷。但是,他们的利益同总体利益并不一致,因为利润率和工资、租金不一样,它未必能与国家的繁荣和谐共生。实际上,斯密认为“那些快速走向衰败的国家”利润率是最高的。当涉及政策制定时,缺乏一致性会带来恶劣的后果。接着,斯密对商人们通常鼓吹的政策进行了冗长的批判。 79

第六章

贸易与支出

在《国富论》的第四卷里，斯密提到了对有关国家财富的两种错误解释。他批评了法国经济学家（重农主义者），他作为家庭教师到法国旅行时遇到过其中一些人。他们的基本论调是，土地是唯一的财富和财政收入来源。斯密虽然赞同他们有关自由重要性的观点，但是批评他们将制造商和商人视为完全非生产性的。然而，斯密主攻的是第二种解释。他称之为“重商主义体制”。

对重商主义者政治学的批判

重商主义体制的核心目标是实现贸易良性平衡（以金银来衡量）。这种平衡是通过鼓励出口超过进口来达到的。对国内可生产的商品征收高关税可以限制进口。通过减少竞争，这项政策符合本国产业的利益，也就是说，符合本土生产商和商人的利益。为了保护这一利益，他们反对任何可能危及他们对市场控制力的法案。按照斯密的说法，这种利益如此强大，以至足以威吓胁迫立法当局（大部分人是懒懒散散的地主）。国会议员们相信，采纳商人的观点，他们就能赢得懂贸易的好名声，他们 80 也希望讨好日渐富裕的商人阶层，这些都使威吓胁迫变得更加容易。

斯密对政客的评价一般都很低。那些参与“公共事务管理”的人做这些事，是因其财势地位使然。他们的动机不是因其承诺要维护公序良俗。他们不仅受外部利益影响摇摆不定，而且还往往短视。他把他们的技能比作“阴险狡诈的动物”。他将这种投机取巧的天性，与应对不变的“普遍准则”所需的“立法者的科学性”进行了对照（《国富论》第468页）。他在第四卷开篇已经用过这个术语，在那里他将“政治经济学”界定为科学的一个分支，其目的有二：一是使个人通过自己的努力能够生活得更好，二是使收入提高。但是，斯密显然并不认为某些个人能够扮演“立法者”的角色。他关注的重点是他书中所概述的“科学”。

斯密对法律体系的信任高于对政治家的。独立的司法机构取代封建领主所承担的地方专制司法功能，是“现代社会超越古代的伟大进步”，斯密在格拉斯哥的一次法学演讲中曾经这样说过（《法学演讲》第176页）。他认为，这种独立性使得正义不太可能因为政治私利被牺牲掉。这一信念基于两个假设。他假定法官极其能干（不像大多数国会议员）。他还假设，由于他们的薪水很低，他们的动力来自该职位的巨大荣誉感，因此他们会将这项工作带来的公众敬仰作为“回报的一部分”（《国富论》第123页）。这个观点也适用于医生、诗人、哲学家，顺便说一句，这突显了一个事实，即斯密没有把所有的动力归结为自身物质利益。

斯密没有一竿子打死所有的政客。他考虑到了一些例外。
81 议会里有一些热心公益的人反对或抵制重商主义的游说。然而，他们费尽力气还要遭受责难、侮辱，甚至暴力。在斯密看来，这都是重商主义体制“卑鄙、恶毒”特性的表现，因为其支持者们合谋“欺骗甚至压迫大众”（《国富论》第267页）。

这些带刺的话反映了重商主义的影响，也是其必然结果。但是，斯密持反对态度还有更深层次的原因。那个体制所追寻的目标是错误的，因为它将生产者的利益凌驾于消费者之上。重商主义限制贸易不能使消费者受益，但是消费者能从自由贸易中获益。斯密所作的深层次批判包括两个方面：一是展示了重商主义政策在现实中如何阻碍国家财富的增长；二是从原理上说明了其假设之谬误，并且必将同他所说的“天赋自由”背道而驰。这样将理论与实际相结合，是他自己学说体系的核心要义。

自由贸易

斯密认为，重商主义者的政策试图“迫使”贸易按特定的方向走（《国富论》第506页）。他在此处用了“迫使”一词以突显同他所主张“自由”贸易政策的反差。这种被迫尝试的结果，比放任贸易自行寻找出路的结果更糟。通过人为地使产业偏离自身轨道来实现贸易“平衡”的想法整个是“荒谬”的（《国富论》第458页）。为了说明其荒谬性，斯密举了一个本地的例子。他说，在温室等人工设施的帮助下，苏格兰可以生产出好葡萄酒。但是，生产苏格兰葡萄酒需要的成本过高，比从法国进口葡萄酒还要贵。因此，他认为禁止进口更便宜的红葡萄酒是不明智的。

这个精心设计的例子，生动形象地展示了斯密的三个基本

观点。第一，以另一种方式（补贴苏格兰葡萄酒）来抵消一国生 82
产某些商品所具有的天然优势（法国产葡萄酒）是一种浪费。葡萄酒自由贸易让苏格兰消费者受益，他们花的买酒钱更少；补贴只是让苏格兰葡萄酒厂商获益。第二，没有哪种规制，如政府奖金或补贴，能够将一个社会的工业品产量提高到超出资本所能承受的范围；它只能起到引导作用。第三，这将是一种错误的引导。

如果一种商品只是因为有补贴才生产，意味着如果没有补贴生产商就不会进行这项生产，因为无利可图。这会固化低效率对整个经济的损害。如果没有补贴，生产商可以不把资金浪费在苏格兰葡萄种植上，而是将之用于能够得到合理投资回报的领域（比如说威士忌）。如果所生产的商品有市场，即消费者需要威士忌，那么就能获得预期收益。

然而，没人保证生产商一定会成功。因为其他生产商可能也有同样的预期，他们将资本投入同一市场，也生产威士忌，竞相争取消费者的青睐（在法国生产葡萄酒亦然）。在这种情况下，感谢自由贸易和竞争，苏格兰和法国的消费者都将是最大受益者，既享受到了便宜的葡萄酒，也享受到了便宜的威士忌。不仅酒的价格更便宜，质量也会更好。此外，还会有更多可选的饮品，因为生产商会竞相推出能够在市场上“为他们带来微弱优势”的饮品——廉价酒或是各种年份的特级酒；不同年份的调配酒或是麦芽酒。

斯密还举了其他许多非人为的例子，其中特别关注了谷物。他用了近二十页的一段“题外话”来讲这个。在研究分析这个
问题的过程中，斯密当时引发了一场激烈的辩论，他的“看法” 83

在当时和后来都引起了很大争议。他用这个话题来强化关于自由贸易的论点，证明规制是错误的。

如果由他自己判断，为了追求自身利益，谷物商人会依据谷物数量尽可能把价格定高。当供应短缺，价格就会更高。与认为这是一种盘剥的观点相反，斯密认为这对每个人都有利。高价格将抑制过度消费，鼓励“节俭和精良管理”。这样将保持供应充足。如果商人把价格定得过低，供给将被耗尽。在那种情况下，不仅商人没了收入（无货可卖），到了岁末还将经历“匮乏的艰难时日和可怕的饥荒”。

斯密很清醒地认识到，那种情况会引起社会动荡，而这往往会促使政府干预调控分配。他宣称，他所持的通过允许商人以调价方式谋取私利的观点，恰恰是防止发生“饥荒惨剧”的“唯一有效”途径。他更为尖锐地提出，正是“政府的粗暴”试图以“不合适的方式”消除匮乏导致了饥荒。简言之，个体的离散选择（这个例子里的谷物商定价）是一种更优的商品分配方式，优于那些集中式、机会性的政治决策。斯密由此成为主张市场经济优于中央计划经济的旗手。

在谷物一例中，商人和消费者的利益是一致的。这种一致性和自由贸易在实践中展现优势的背后，暗含着一个普遍的基
84 本原则。这个原则就是天赋自由权。

天赋自由权

“天赋自由权”一词并不新奇，自16世纪以来它一直是政治理论中的一个重要内容。然而，斯密赋予这个词独到的应用。按照斯密的定义，“天赋自由权体制”是指，

> 每个人，只要他不违反公正的法律，就可以完全自由地按照自己的方式去寻求自身利益，用其产业和资本同其他任何人或团体进行竞争。

由此可见，与重商主义者的做法截然不同，政府完全不需要承担“监管私营业主并引导其从事最符合社会利益的行业之职责”（《国富论》第687页）。

让政府不要监管经济的学说，往往会被贴上“自由放任”的标签，尽管当时有这个词，但斯密从未用过它。限制政府的作用能避免重商主义进一步带来的问题。采取人为操控经济的政策，其假设前提是人类（政府）具有足够的聪明才智，足以确定哪些方面、在多大程度上切实符合社会利益。但斯密认为他们在自欺欺人，没人（尤其是没有哪个政府）有如此的聪明才智。

斯密坚信可以放心地限制政府的作用，是因为他相信每个人都会努力改善自身状况。他认为，在自由和安全的环境下，这种自我改善的天性冲动非常强劲，以至于尽管有政府的浪费和愚蠢的限制做法，它仍然能够创造财富，带来社会繁荣。它促使人们储蓄和积累资本。这种“个人节俭”直接或间接地扩大了 85
有息借贷，增加了生产性劳动，刺激了经济增长，从而带来国家财富增长。在另一段修辞表述中，斯密将这种冲动描述为一种从在子宫萌生到踏进坟墓都与我们相随的渴求，以此强调其所起的重要作用。他进一步说，人们鲜少对自己的境况满意得无以复加。他们总是把增加“财富”视作境况改善的手段。这无可厚非。在《道德情操论》中他已经指出，即便是出于个人“获取财富”的目的，节俭也应受到尊重（《道德情操论》第190页）。

毫不夸张地说，人们都在不懈地努力为自身所拥有的资源（资本）寻求好的出路。如果没有外部的引导或人为干预，人们会基于自身利益自行做出选择。法律应当相信人们能够顾及自身利益，这是斯密的基本原则。正是在此原则背景下，斯密在《国富论》中提出了“看不见的手”。这个提法十分“隐蔽”，与其后来的声名（抑或臭名）相较来看，它在文章中确实很不起眼。像谷物商人一样，每个资本所有者都寻求自己的利益，但是“就像在其他许多情形中一样，他们被一只无形的手引导着推动实现了与他们本身意图无关的结果”（《国富论》第456页）。这个意料之外的结果就是公共利益（谷物稳定供应）。斯密重申了他对政治家的不信任，他评论说，据他所知，刻意追求公共利益的做法从未带来过这样的好处。

然而，并非所有看不见的手的操作都能像谷物供应那样产生有益的结果。以他一贯谨慎的做派，斯密甚至在关于看不见的手的直白论述中都加了限制条件。他慎重地说，它并非“总是对社会更糟”，因为公共利益“往往”是个人追求其自身利益的
86 意外之结果。字里行间的意思是，追求私利可能对社会不利，并不总是有助于社会利益。

政府的职责和作用

斯密认为，商业社会的政府具有三项职责：抵御外敌、维护公共工程、“严格执法”。斯密在《国富论》中有关司法的观点同《道德情操论》中所阐述的一样。它是严格的、有规则约束的、不可或缺的。政府的这一职责同样不可或缺。强制人们遵守给大家带来安全感的“公正法律”（法治），这使每个人放心地追寻

目标，享受天赋自由权。这种安全感至关重要，它的存在让投资成为一种安全或明智的决策，从而促进工业增长和社会进步。

一个成功的经济体并非存活于真空之中，而是建立在稳定的法律框架之上，这是斯密的一个基本观点。对斯密而言，这不是一篇文章或某种信念，而是有史实为证的。第三卷阐述的是，常态化公正管理体系的建立，使商业和制造业得以繁荣发展。如果政府的第三项职责超出了确保合同履行、债务偿付、规则原则上恒定的范畴，那么可能会抑制繁荣。这种貌似有限任务的观点是斯密惯有的立场。但是他并不教条，他愿意接受意外情形。

政府可以适当地发挥积极作用，尽管这看起来有些违背了天赋自由权。很多情况下，这种对自由权的干预是为了更广大的自由权。它们清除了障碍。斯密指出了一些可以采取行动的情形。他抨击“荒谬的”长子继承权（第一个出生的孩子具有排他性继承权）和限定继承权（继承权是预先注定的——这使得 87
《傲慢与偏见》中的班尼特夫人希望伊丽莎白嫁给有权继承班尼特财产的柯林斯先生）等法律规定。这些规定都限制了土地市场发展。

他更为直截了当地反对英格兰的济贫法，该法规定每个行政区都有责任扶助救济本区的穷人，同时有权驱逐贫困人口移民。斯密认为，驱逐那些有权选择居住地、没有违法犯罪的人“明显侵犯了天赋自由权”（《国富论》第157页）。该法对人口流动施以处罚，其结果是加深贫困。因此，斯密支持废弃这一法律。他同样反对学徒制、企业排他性特许经营权、同业公会等规定，因为这些规定限制了工人依其所好选择工作地点和内容。其观点是政府应当从类似的事务中抽身。实际上，应当废止这类法律，将政府从超出三项职责的管理事务中解放出来。

斯密还指出了一些过度干预的情形。这些干预措施通常看起来符合“国家利益”，且无疑都援引政府的第一职责——国防安全之责。《航海法》“精当地”赋予了英国航运业贸易垄断权（《国富论》第463页）。这与授予合资股份公司的垄断权不同。与“遥远的蛮荒之地”建立新的贸易往来有风险和成本，这种垄断权是对风险和成本的回报。但这种垄断权是有时限的（如同版权一样）。竞争和自由贸易不仅是增加国家财富的方式，而且这些公司也在基于私利想维持垄断优势，并遗憾地出现经营不当的问题。

在恰当的政府干预方面，斯密举了建立必要防火墙的例子。
88 这类建筑设施可防止火灾蔓延，这种干预是对建筑商天赋自由权的合理侵犯。在这一段中，斯密提出，基于同一原则，对银行发行本票进行监管是合适的；它们应当是大面额的，且能够见索即付。在一段相关的论述中，他认定规定法定利率是对的，这样能使资金“明显地”配置到那些能更有效利用资金的人手中。为鼓励国内生产，违背自由贸易原则也是恰当的。例如，当国内生产的商品被征了税，那么对进口同类商品进行课税就合情合理。斯密很清楚这不是一项重商主义政策。它仍然给竞争留有空间，它所做的是让游戏更为公平。

公共工程、教育和工人福利

除了维护内部和外部安全责任外，政府剩下的职责是提供所谓“公共工程和公共设施”。这些活动符合总体利益，但不直接服务于特定个体利益。这是因为，当得到某项产品或服务的渠道不可控时，是无法从这种产品或服务中获取利益的。斯密列举了这类产品的例子，这些例子如今被奉为经典。其中典型的是道路、桥梁、通航运河等。除了这些基础设施产品，斯密还将提供公共步道、公园、花园等设施纳入其中。尤其重要的是，他提倡将教育作为政府应当承担的责任。他在第五卷中的这个论断，令他重新审视劳动分工问题。

劳动分工创造了财富，这是个意想不到的结果，但它也带来了些不太好的后果。这对那些从事“偏于简单操作”的人造成了影响。斯密用了最有力度的语言来描述这些影响。工人（制 89
钉工人）重复进行某种任务的简单性，意味着他没有机会“运用他的理解力或发挥其创造力”。结果是，他失去了“努力的习惯”，然后变得“极尽人类之所能地愚昧无知”。“他脑瓜之迟钝”使他们无法进行理性的对话，也无法负责任或谨慎地对待日常应尽的义务和应守的承诺。制钉工人千篇一律的生活还“侵蚀了他心中的勇气”，更确切地说，它灌输了懦弱——这是指“某种精神上的残缺、畸形和苦难”。总之，制钉工人娴熟技艺所创造的财富及其工作的独特性，是以付出他们的“智识、社交和斗争美德”为代价的（《国富论》第782页）。

这就是在“文明社会”中占大多数的“劳动贫困人口”将面临的命运。斯密在这些段落中采用了强有力的语言，旨在为提出政府要进行合理干预奠定基础。这种干预是明智之举，因为实际上将发生在制钉工人身上的事并非不可避免。正如哲学家和搬运工之间的区别一样（这是劳动分工的结果而非根源），它反映出的是“精神原因”而不是物质需要使然。因此，政府可以在精神成因方面有所作为，可以采取一些补救措施。教育是关键的补救方法。

补救措施应聚焦于那些受到影响的人。斯密建议的补救措施借鉴了苏格兰的做法，用公共资金在当地建立教区学校。在斯密设想的学校里，儿童只需支付“即便是普通劳工家庭也能承担的”费用即可接受教育（《国富论》第785页）。他反对全额公费，因为那样会令教师玩忽职守。（这是他从牛津大学经历中得出的结论，相比之下，格拉斯哥大学的学生要交费，结果获得了
90 更好的教育。）公共财政将支付教师其余的工资。

斯密开出的处方尚不止于此。他还推荐了一整套课程，应当包含最基础的内容。这意味着要教授基本的文化和算术，而不是当下教的“一点点拉丁语”。斯密认为这对“普通人”来讲就足够了，他们跟那些“有钱有势”的人不一样，没有时间和财力过上经济独立的生活（《国富论》第784—785页）。

人们有动力要获得这些基本知识。在开启一个营生或成为一家企业雇员之前，“公共部门”会就这些基础内容进行考试或阶段性测查。在获准进入“任一自由职业”或“体面的受信任或可获利的职位”之前，同样有类似的要求（《国富论》第786页）。显然，斯密将公共教育作为一种防范措施，因为即便是相对受过一点教育，民众就不太容易堕入迷信的深渊或是被蛊惑煽动。不应过分渲染这种审慎预防的作用。即使没有这些外部效应，斯密仍然主张，帮助“社会下层”提升教育水平是政府应有的职责（《国富论》第788页）。

教育似乎能够明显弥补智识美德的缺失。它还能间接地解决社交美德缺失的问题，因为受过教育的工人不会再那么麻木，这样他们能够更好地融入周围世界。如果这还有些拐弯抹角，

那么国家在提升社交美德方面还有另一个更直接的作用。国家可以允许开展“公众娱乐活动”，诸如戏剧、诗歌、音乐、舞蹈之类的。可以授权给那些“基于自身利益”愿意举办这些娱乐活动的人，前提是这些活动“没有丑闻或不体面之处”(《国富论》第796页)。这些娱乐活动将有助于消除“不合群的品性”，消散工人们更倾向于求助的那些“小宗教教派”的阴郁与苦行气氛。斯密还将其支持竞争的态度延展到了这方舞台。当有大量的小教派存在时，他们会发现彼此相互容忍是有利的，这将减轻搞破坏性狂热活动的倾向。 91

解决缺乏斗争美德的问题更为困难。因为斯密排除了搞全民皆兵的现实可能性。按照劳动分工原理，他认为职业常备军更胜一筹，尤其是在现代武器装备条件下，个人勇猛不如守纪律重要。商业社会中，这种有违人们利益与喜好的强制性服务，将使效率本已较低的征召民兵效率更低。尽管他对丧失斗争美德措辞严厉，但他提出的补救方案很含糊。

他谈到希腊和罗马人让其公民进行军事演习，以及这样如何令他们保持“战斗精神”，他意指采取这样一套体系是优于民兵组织的补救方式。他提出，给那些出色的人颁发“奖金和勋章”是一种激励。他在谈到激励教区学校绩效的时候，用了同样的术语，提出了同样的建议。最合理的解释是，斯密认为类似的政府支持的公共奖励体系，能够激励人们参与那些有助于防止斗争精神丧失的活动。参与者会被逐步地推动，但不是被诱骗。这是否意味着政府真要“高度关注”这个被他比作传染病的问题，值得怀疑。

需要供养一支职业军队和其他公务员，还要筹钱来负担教育及其他公共产品。筹集这些开销所需的资金主要有两种方式——税收和借款。

税　收

斯密提出了税收四大"准则"，至今仍被奉为圭臬。首先，
92 税收应当同收入成比例。其次，税收不能是随意的，收多少、何时收都应当是确定的，收税者不能随心所欲。再次，税负对纳税人来说应当合适。最后，税收应当具有成本效益，即征税的成本不能高于收入，也不能阻碍商业发展或是诱发走私行为。斯密认为，执行这些准则不仅能够获得财政收入，而且能够公正地获得收入。

所有的税收都来自三种不同的收入——工资、租金和利润。斯密就此分别进行了论述，随之提出了适用于这三种来源的税收方案。斯密在工资方面用的篇幅最少（直到1799年威廉·皮特才引入所得税，以弥补拿破仑战争的开支）。对劳动征税往往会提高失业率，或是推高工资，这样增加的负担最终都将转嫁给消费者。无论哪种结果都不是大家想要的。在分析可征税的租金时，斯密区分出了三种来源。可以对土地、土地的产出和住房征税。关于最后一个方面，斯密观察到这一税负主要由富人承担，他认为这种不平等并不是"什么极不合理的事"（《国富论》第842页）。随后，他直言不讳地阐明，如果税负更多地落在穷人而不是富人身上，才是"最糟糕的不平等"（《国富论》第846页）。

对利润征税的分析集中在以利息方式赚取的利润方面（这类利润是对运用资金的行为和风险的"补偿"，不属于直接税）。斯密发现，对土地征税必须基于某项固定资产，而应税利息则缺

乏这种恒定性。他说，资金拥有者“实际上是世界公民”，如果认为利息税负担过重，他们可以离开这个国家（现称为“资本外逃”）（《国富论》第848页）。长期以来，这个分歧是政治争论的主要诱因，尽管斯密很大程度上回避了这个问题。但是，考虑到他瞧不上地主的政治才能，以及他的基本观点是将自由贸易视 93
作国民财富之基础，很明显，斯密不赞同地产收益具有天生的优越性。

斯密用了大量的篇幅研究那些不是源自收入的税收。在此他区分了“人头税”和消费税，但他集中研究的是后者，因为前者在实践中具有主观随意性。消费税可以对必需品征收，也可以对奢侈品征收。斯密对前者的论述也成为一个标杆，不仅在经济学中举足轻重，在社会理论和社会政策领域亦然。

何为“必需品”，它与最基本的生理最低需求是不一样的。斯密的定义是：

> 我理解的必需品，不仅指维系生活必不可少的必需品，还包括按照一国习俗不可或缺的一切东西，少了它，德高望重的人不用说，即便是最底层的人们亦觉得有失体面。

他举了棉麻衬衫的例子。希腊人和罗马人不知道这种衣服，尽管如此，他们仍然生活得很舒适。但是到了今天，哪怕是一名临时工不穿衬衫都会“羞于”出现在公共场合，没有衬衫意味着贫困到了“丢脸的”程度。“最底层人”中“约定俗成的体面标准”应算作“必需品”（《国富论》第870页）。由此可以得出，必需品具有社会相对性（在加利福尼亚与在孟加拉是不同的）。

此外的其他物品就是奢侈品类，但同样是相对的。与长期以来并流行至今的观点相反，斯密和休谟一样，原则上并不将奢侈认定为美德的败坏。

其政策含义是，应当对奢侈品而非必需品征收消费税。这94 些税费将会由富人和穷人共同承担。比如，二者都需支付烟酒的消费税。该类税负会令穷人“清醒而勤劳”，这对社会是有益的。这将提升他们抚养家庭和进行良好德行教育的能力，随之相应地使社会动乱的风险最小化。斯密说这类税负所起的作用相当于“禁奢令”（《国富论》第872页）。他在此处措辞谨慎，因为在本书的前面他曾轻蔑地驳斥过禁奢令。该法在欧洲及其他地区普遍存在，意图明令控制不同社会阶层在衣食上的花销。斯密痛斥“国王和大臣们”这样限制个人消费是“最无礼和自以为是”的（《国富论》第346页）。与烟草税具有自由决定性（你可以选择买一品脱酒）不同，这些法律直接侵犯了天赋自由权。

还可以通过征税来支付一些公共工程的费用，但有时应当搞区别对待。比如桥梁，可以通过收通行费来维护。由使用者付费有助于确保桥梁建在必要之处。如果使用一般税收收入、由政府当权者作决策，其结果难以保证。斯密有意无意地指出了这样一些情形：修一座桥或一条路，仅仅是为了美化邻近区域景致，或是满足一位大臣的虚荣心。此外，通行费还可以按使用情况成比例收取。重载支付的通行费应当相应高于轻载的，因为它们对桥梁造成的磨损更大。同样，无论重量如何，可以对奢侈品运输收取高于必需品运输的通行费。斯密讽刺地说，“富人的懒惰和虚荣”使货物运输成本更低，其以此方式为“救济穷人”作了贡献（《国富论》第725页）。

在斯密集结他的书作之时，社会上对美国殖民地税收问题有大量争论。斯密对此作出了贡献。尽管他被指责为了参与这场辩论而推迟了书作出版，也因此使得他的一位通信往来者认 95
为该卷“太像是关于当下时事的出版物”（《书信集》第188页）。这种看法某种程度上是不公正的，斯密对殖民地问题的讨论更为宽泛，包括那些古代的殖民地。这句话常常被误以为是拿破仑所说，其实是斯密说的，即建立一个为客户服务的王国，适合于一个由店主组成的国家，而不适合于一个受店主影响的政府。

对于美国危机，斯密看到了给予美国独立的好处。这能够减轻英国纳税人的负担。这还将创造亲善氛围，有利于促进对人人有利的自由贸易（除了那些从现状中获益的商人）。然而斯密并不抱有幻想，他十分清楚他的完全自由贸易体系注定是个“乌托邦”（《国富论》第471页）。不仅没有一个国家自愿放弃部分疆域的先例，而且这也有悖于“执政党的私利”，这是他书中反复谈到的一个话题（《国富论》第617页）。

意识到这个解决方案不现实，他提出了一些更切合实际的建议。除非他们自行征税来负担管理成本，否则殖民地应当向中央政府支付足以弥补对其管理成本的税款。他们还应当承担一定比例的中央政府开支，包括战争时期所需的开支。为了提高这项措施的接受度，斯密主张在英国议会中给予美国人席位。这再次反映了他对政客的贬抑之态，斯密认为这个措施能够满足其领导者的野心。

负　债

政府还可以通过借贷来筹资。这要以一个发达的金融体

96 系为先决条件。货币演变成了更高效便捷的交换不同商品的途径。金银因其耐久性，被广泛用作交换媒介。而随着商业的繁荣，金融系统也发展起来。纸币出现在商人间的交易中，没过多久银行就应运而生了。斯密对这个发展作了积极评价。他比喻道，纸币化存量资金死水为活水，从而促进了贸易和工业增长。

纸币之所以被当作货币，是因为人们相信它有价值。但信任是看不见摸不着的，需要有一些实质性根据或是担保背书。因此，斯密建议这种信任仍然需要以金银来担保。他喜欢的一位作家乔纳森·斯威夫特以诗意般的畅想描述道，商业建立在金银的“坚实基础上”比“悬浮在纸币玄奥之翼上”要安全得多（《国富论》第321页）。此外，为使纸币发挥其应有作用，必须对作为发行机构的银行有信心。然而这种信心可能会丧失。苏格兰艾尔银行就发生过这样的情况，后果严重，该事件明显引起了斯密的注意。2008年雷曼兄弟公司和苏格兰皇家银行倒闭表明，这一问题至今犹在。

银行体系促进了信贷发展——借钱去进行新的投资。而政府自己也可以借钱。政府负债规模那时也是个争议很大的问题（比如休谟写了一篇尖锐的批判文章）。斯密分析政府债务时提出了另外一种缘由，即无意识的个人行为结果并非最优状态。

多亏了日常公正管理带来的安全保障，那些有资本的人对政府发债充分信任并信心满满。他们的钱会很安全，而且他们
97 的交易很合算，因为政府需要更多资金来满足额外开支（通常是战争），所给的回报很可观。但这开创了一个危险的先例。因为政府现在可以预想到一个财政来源，它无需增加储备。这实际上是将偿还债务责任推给了下一代。而下一代也可如法炮制，

于是债务不断增加。斯密随后用了一定篇幅逐条列出债务融资的各种手法。

无论这些手法多巧妙，一旦财政收入不足以偿还以往债务的利息，更不用说还资本金了，最终结果都是破产。斯密指出，这往往被操控货币价值所“掩盖”。但是，这种操控只会使情况恶化。通过货币贬值，将“灾难”扩散给更多无辜的人承担（《国富论》第932—933页）。他认为，指望政府偿还公共债务是徒然的。顶多可以通过增加财政收入（比如更加公平的土地税、增加的消费税，以及让殖民地做更多贡献等），以及（或者）减少公共开支，比如取消各种扭曲的补贴，以从更高效的贸易及更多可税资产中获取利益，来降低债务。时至今日，这些选项（借贷、提高税收、缩减开支）仍然是政府为履职尽责所能采取的方式。

小 结

《国富论》是经济学或经济运行研究史上一部值得称道的著作。它将全面观察与系统分析相结合。也许最重要的是，斯密闻名于世，是因为他牛顿式化繁为简的成果。经济行为和机制不是无序混乱的，而是可以系统化归纳的，并被理解为几个原则的产物。以此方式，《道德情操论》阐释了人类如何做出道德决 98
策，《国富论》阐释了现代经济是如何运转的。这两项阐释都建立在“人性科学”中的一些普遍原理之上。

在《国富论》里，这些原则中最重要的是每个人想改善自身状况之私愿。但同样重要的是，这种愿望体现了人人皆自由的道德准则。奴隶制不仅是经济上低效的制度，也是“坏”制度（《法学演讲》第453页）。基于利己主义和自由原则，斯密构建起他最具特色的经济学说。自由贸易是促进经济增长，从而增加国民财富的最佳方式；个人能最好地判断自身利益；这些特定交易的结果不期然地提高了整体利益。在最后的分析中，真正重要的是，如他在导论中所说，野蛮国家“悲惨而贫困”的时代结束后，人类生活会变得更美好，富足和自由齐至。

尽管斯密的奠基性重要地位如今已毋庸置疑，但他所留下
99 的不止这么简单。

第七章

传世影响与声望

英格兰银行发行的20英镑纸币印上了斯密的肖像。让斯密以如此形式现身，算得上是彰显了他的传世影响力。然而，大部分使用该纸币的人，即便他们注意到了这幅肖像，恐怕也不太清楚他是谁。亚当·斯密若被众所周知，很可能是在撒切尔主义和里根经济学"自由市场经济"当道之时。对有些人来说，这是一种褒奖，对另外一些人来说，将他们关联起来就是过错。除了被象征性地把名字搬出来抬高身价之外，事情还变得更为复杂。有偶像"斯密"和思想家"斯密"之分，这些并非没有关联，他的思想之所以被从文化或意识形态角度利用，是基于当时的政治观点所需，而并非因其才智的影响。撒切尔主义回应了英国主流政治，里根经济学是"冷战"的武器。这两种情形下，他们都认为"自由市场"和奉行不干预主义的政府是履职的工具。亚当·斯密作为最早提出这些工具的思想家就涉入其中了。结果，他被拉来作为才学证明或者说理论起源。尽管这种拉选具有机会主义性质，但也并不完全是奇思异想。

今日之《国富论》

如同其他偶像派思想家一样，比如（说）卡尔·马克思或
100 西格蒙德·弗洛伊德，斯密的著作被引用得多，被阅读得少。当代经济学很大程度上也是如此，其基本准则在现在和将来都同斯密有着永不磨灭的联系。然而，主题却已发生了巨大的变化。变化的标志之一是，对其本身的历史已兴趣寥寥。例如，有关经济学和微观经济学的书里只提到了一次斯密。这种变化导致的一个后果是，任何试图从当代经济理论角度对《国富论》进行的研究，相对都没什么价值。主流的正统理论高度依赖用复杂的数学公式进行技术分析，这些数学公式来自简化、抽象化的人类理性“模型”。斯密从不用统计学或其他计量方法［他曾经在《国富论》里说过，他“对政治经济学没多大信心”（《国富论》第534页）］，在《国富论》等著作里，他对人类行为方式进行了复杂的阐释。

那么为什么斯密被尊称为“经济学之父”呢？何时首次用这个词已无法考证，但19世纪末阿尔弗雷德·马歇尔（当时英国著名的经济学家）的评价中已经表达了这种态度。马歇尔认为，《国富论》是“经济学上迈出的最伟大的一步”，因其兼具知识的广度和判断的中肯性。斯密被赋予家长地位，是因为他提出的指导原则至今仍具有基础地位。当然，这必然只是在“原则”层面上，因为21世纪与1776年的世界大不相同。

这些原则虽不多，却都是基础性的。它们包括：承认“天赋自由权”，即“每个人”都“完全自由地以自己的方式追求自身利益”，其必然结果是，“当权者被完全排除监管私人产业的责

任”，这也正好，因为承担这样的义务非任何“人类智慧和学识”所能及。这些基本原则还包括，斯密认为政府的任务总体应限于外部防御、内部秩序和提供“公共工程”，以及他认为个人追 101
求自身利益所产生的结果通常优于某些预设的结果。这些原则是“自由市场模式”的核心，撒切尔和里根在实施他们自己的计划时采用的就是这种模式。这种模式的理论基础并非由斯密直接提供，而是由那些与“新右翼”过往甚密的经济学家提供的。

克雷格·史密斯把斯密对“新右翼”的遗留影响简洁地分为三支：以米尔顿·弗里德曼为代表的“芝加哥学派”、以詹姆斯·布坎南为代表的“弗吉尼亚学派”和以弗里德里克·哈耶克为代表的“奥地利学派”。这三派的代表人物都获得了诺贝尔经济学奖。弗里德曼的“斯密”强调天赋人权，强调人们被允许自谋私利所带来的好处，他援引“看不见的手”作为理论支撑。布坎南的“斯密”是那位不信任政府的思想家，重视构建法律框架。在这三人中，哈耶克不仅是最了解斯密的，还是他最具影响力的拥趸。哈耶克眼中的“斯密”是“古典自由主义”哲学家。他的“斯密”认识到了个体理性的局限性，认识到社会秩序会自发产生，由此为批判计划经济或干预经济提供了基础。哈耶克最有名的著作《通往奴役之路》（1944年出版）是最重要的一部作品，被誉为撒切尔主义和里根经济学的理论基础。然而，尽管这些有助于解释斯密的当代形象，却仍然是片面或不完整的。

当今一些经济学家认同这个观点。尽管斯密的方法和假设同当代主流经济学采用的方法和假设之间有明显的鸿沟，但确实有贯通鸿沟之桥。其中有两座桥特别值得一提，其代表人物都是诺贝尔经济学奖得主，都既重视《道德情操论》也重视《国

102 富论》。

第一座桥是行为经济学和实证经济学的发展。其中一位领军人物弗农·史密斯，就曾公开毫不掩饰地赞誉他自己的姓。这类经济学很少关心在理论上人们作为理性行为者应当如何按部就班地实现其目标（或用行话说，效用最大化），而是更关心他们实际上如何行动。为对行为进行评估，实证经济学家设计了各种各样的场景或“游戏”。例如“独裁者游戏”设定，给一名玩家10美元，但其中的一部分要分给另一名玩家。根据主流理论，会有人给出1美元，也会有人接受1美元，因为有1美元总比没有好。但是，当真正玩起来时，结果却不是这样，给得少了往往会被拒绝。《道德情操论》中概述的相互影响，比如求得认同的渴望，似乎有点切题，可以试着用来解释上述行为结果。

第二座桥由阿玛蒂亚·森所造。他为近期流行的一版《道德情操论》作过序，他在自己的经济学思想里批判了主流正统学说，尤其是对理性理解的狭隘性。按照森的解释，斯密强调的是市场的不完美，而不是在看不见的手操控之下理论上的完美。森进一步发现斯密十分关注贫困和匮乏所造成的影响，他将斯密视为他“能力”方法的先驱，“能力”方法特别关注人们对自己想要如何过活进行有效决策的实际能力。

事实上，当今杰出的经济学家对斯密言论的看法迥异，也不是什么新奇事。自从《国富论》出版的那天起，就有各种不同的理解。

《国富论》的历史

在斯密1790年去世之前，这本书已被迅速翻译成丹麦语、

法语（两次）、德语（两次）。 103

该书最初在苏格兰受到了热情洋溢的接纳。休谟在去世前不久读了这本书，欣喜溢于言表，其他人则不断援引斯密的观点（包括他举的制钉“小”例子，以及他对制钉者所受影响的担忧）。说《国富论》产生了立竿见影的影响，或者说这本书深得读者之心有些夸张了，但不可否认的是，斯密的原则的确渗透到了政治政策领域。

威廉·皮特首相在1792年的一次演讲中声称，只有《国富论》对资本如何在不受“错误或不利政策”妨碍的情况下进行积累作出了解释；他进一步评论道，斯密给出了“与商业历史或政治经济体系相关的每一个问题的最佳答案”。

然而即使在那时，对他所留观点的认识分歧也已很明显。同皮特的看法相反，萨缪尔·惠特布雷德1795年在议会演讲时引用斯密的话来支持其有关最低工资的法案。惠特布雷德并非孤军奋战，斯密的著作很快就被其他“激进分子”用上了。比如，托马斯·潘恩在一次有关北美银行作用的辩论中用了斯密对银行的看法。这种被采纳引用带来的影响之一是，斯密在19世纪早期遭到了右派的批评。19世纪围绕《谷物法》的争论就是一个例子，该法案有意限制食品和谷物进口，以维持较高的谷物价格，从而有利于国内的生产商。那些希望废除这项法律的人引用斯密的观点，而地主贵族们则反对废除法案。到该世纪晚期，他又受到左派的批判，因为那时他被与鼓吹竞争和利己主义绑定在一起。这种情境不断上演。例如，颇具影响力的英国历史学家E.P.汤普森1971年指出，斯密是一位“新政治经济学”的倡导者，用好听的话讲，即经济“为道德要求所净化”。 104

汤普森只不过是在卡尔·马克思指引下一长串的批评家之一，马克思是左翼中读过斯密著作的最具影响力的人。马克思对他毁誉参半。他的评价取决于斯密在阶级冲突史中站在哪一边。斯密代表了“仍在同封建社会残余作斗争”的资产阶级。作为新兴的革命的资产阶级代表，斯密能够对旧秩序进行深刻的分析。在这方面，马克思可以敞开接纳斯密的一系列观点，包括使用价值和交换价值的区别、劳动的核心重要性，以及生产和非生产形式的差异等等。但马克思认为斯密的观点有局限性。总的来说，他没能认识到他的“商业社会”注定会被新的共产主义所替代。斯密认为不可改变的人类天性，如自私或竞争，只不过是特定历史时期的产物，转瞬将逝。在马克思看来，资产阶级一获得政治支配地位（约1830年），斯密的“经济学”就被用于为现状辩护了，特别是被用来服务于统治阶级的利益，反对工人阶级的利益。

从长远看，斯密和马克思有个共同的基本原则。他们都认为劳动是解释价格和价值的关键要素。这通常被称为“古典”或客观主义观点。19世纪后期，经济学发生了根本性转变，其主要推动者之一路德维希·冯·米塞斯称之为主观主义经济学。这是所谓“边际革命”的根源，是主流正统学说的核心所在。

重点在于个人的偏好，而非生产过程。莱昂内尔·罗宾斯将经济学定义为“一门研究人类行为的科学，研究目的与具有不同用途的稀缺资源之间的关系”，这句话被广泛引述。任何商品的价值完全取决于同其他商品进行比较的价值。它是相对稀缺性的表现，而价格是人们愿意为此支付多少钱的货币表
105 现，再无其他。比如，金之所以有“价值”，不是因为它是种特

殊金属或需要很多劳动来提炼它，而是因为相对于需求来说它是稀缺的。

马克思和斯密的关系引出了《国富论》遗世影响的另一个方面。从早期译本开始，该著作已在西班牙、葡萄牙和拉丁美洲等地被用于支持（或反对）某些特定政策。近期在日本和中国也反复出现同样的情况。日本自我觉醒，决定结束长期的闭关锁国政策并进行现代化（1868年“明治维新”）时，马克思和斯密明显是两大范式，他们都讨论了从封建社会向资本主义或商业社会过渡的问题。马克思的模式最初更占优势，斯密的模式往往是依着马克思的理论来解读的。但这种情况随后发生了变化，部分是由于取缔了共产党，部分是由于第二次世界大战后与“西方”重新结盟。从学术方面，对斯密创作《国富论》的赞誉弥补了这一点。日本现在已是重要的斯密研究中心（东京大学图书馆收藏了斯密本人图书馆中近半数的书籍）。

在日本，马克思主义从未成为官方的意识形态；而在中国马克思主义成功了。《国富论》1901年出版了中译本，但它被用于推动内部改革而非纯学术研究（例如，早先的西班牙也是如此）。同马克思的光环相比，直到1979年，对斯密学说的兴趣才真正发展起来，那时认识到马克思主义或毛泽东思想关于社会和经济发展的模型需要进行补充完善。例如，1982年翻译了米尔顿·弗里德曼的著作。随着对斯密的兴趣渐浓，现在有大量的学术研究著作，辅之以新的更准确的译本。斯密本人很少谈到日本（有关信息相对很少），但他对中国言之甚多。他从所读 106
到的报告中判断，中国的经济不景气。根据他的基础理论，他建议中国应当开放对外贸易，并且必须确保实施法治。

斯密的其他面

斯密不仅是一位经济学家。他对历史、科学、文化以及伦理等都有了解和思考，并写这方面的文章。《道德情操论》的传世影响远不像《国富论》那样充满变故。这部作品面世之初备受重视。在启蒙运动时期，这部作品受到热烈欢迎，18世纪被翻译成了法语和德语。尽管19世纪还时不时地有不同版本出版，但已几无影响力。在英国，19世纪的两种主流哲学——功利主义、理想主义——都没有太关注它。

沃尔特·白芝浩在1876年一篇如果不是那么傲慢、也算不得不友好的文章中写道，《道德情操论》曾广受欢迎，但现在被认为"没多少哲学价值"（尽管他也戏称《国富论》为"关于旧时代的趣书"）。一年前，普林斯顿大学校长詹姆斯·麦克什在他的《苏格兰哲学》简编中对《道德情操论》作了客观概述，但其结论是，人们现在读它更多地是因其风格而非因其阐述的理论。其他的书里也都是类似这样的评语。

H.T.巴克尔是个例外。他在《英国文明史》（1861）中对斯密的著作作为一个整体给予了高度评价。他提出了这样一个观点：《道德情操论》建立在同情的基础上，而《国富论》的基础与之截然不同，是自私自利。巴克尔在德国很受欢迎，他的书推动
107 燃起了"亚当·斯密问题"，这成为当时德国内部问题争论的一部分。斯密《道德情操论》中的道德哲学同其经济学著作《国富论》中的道德哲学是否一致？关键在于是否接受巴克尔的二分法，即《道德情操论》中假定的同情的利他主义，与《国富论》中假定的自私自利这一根本原则是否相互矛盾。这种观点建立在

误读“同情”和“自利”含义的基础上，因此完全不可置信。

1976年格拉斯哥版斯密著作出版，《道德情操论》的学术版作为其中的一个部分问世，极大地推动了《道德情操论》的研究。这对学者们很重要，但本身并没有助推斯密引发更广泛的关注。它所做的就是传递了这样一种信息：如果把斯密描绘成自由主义的信徒，就会扭曲他的传世影响。更精准地说，斯密的传世影响是他对自由主义作出了贡献。

斯密的自由主义

把斯密与自由主义联系起来，比推崇他对自由市场原则的启发更危言耸听。这种看法太过局限，因为最好要“整体地”理解斯密的思想。斯密认为，“经济”活动发生在社会里，那些以物易物、讨价还价、进行交易的个体都是社会化的存在。《道德情操论》的核心要义是，社会化必然也是一种道德化。因为有父母、伙伴以及整个社会环境，每个人都学会了如何“融入”、如何举止得体。要进行交易，不仅要先有某些形式的交流，还要有公平的理念为前提。

这意味着，斯密认为经济活动并非处于某种“道德真空地带”。但他并不接受长期以来存在的道德经济学的说法。那种观点建立在特定的“美好生活”理念之上。这一理念矮化了经济学的地位。它做了道德判定，认为纯粹的经济活动不如真正 108
的或完全的人类哲学或政治活动那么令人有满足感。给“经济”的定位只不过是“手段”（从根本上来说就是活下去，动物和奴隶就是这样），而不是“目的”——让人类活得有价值。这类美好生活被视为堕落或低俗地追求物质上的愉悦，比如渴望有一件亚麻衬衫、新鲜的面包或是一个舒适的家。假若这些道德低下的经济手段凭其自身得到重视，那么就会被谴责为道德堕落或违背道德。斯密反对这套说辞，但这并不说明他对经济做了道德“免疫”。

正如斯密对屠夫基于自身利益卖肉没有丝毫不安，他对银行家同样基于自身利益开展业务也毫不反对。但是，将此视作把道德与经济分割开就错了。斯密的确认为由个人自行决策能最好地推进社会福祉，因此他反对试图集中指导“市场”。然而，他真正反对的是试图指导个体行为，干预他们以自己的方式追求其目标的“天赋自由权”，当然，这些个人行事需约束在合理合法的范围之内。这样允诺个人自由本身就是一种“道德”立场。从这个角度看，国家权力当局不能强行决定其公民去从事或不得从事什么工作，或者是他们可以穿或不能穿什么样的衣服。道德哲学教授斯密（他在《国富论》扉页上如是自称）从未放弃过这一观点。

支持自由的道德观，同时也赞同为增加公共福利而采取规范自由的措施。因此，斯密认为应适当发挥政府规制的作用，并没有自相矛盾。从2008年金融危机看，他意图对银行采取限制措施就是一个典型的例子。斯密本身的道德经济学就能够阐明
109 这场危机。金融家们过度沉迷于他们自己的项目，都没有察觉到他们所做假定中的问题，他们狂热地追求越来越复杂的债务打包方式，盲从那些据说是为他们保驾护航的数学公式（大多数人似乎看不懂）。

正如制钉者从镜子里看到自己，映射出他们自身狭隘的视野，金融精英们亦如此。他们缺少使自身能够进行道德反省从

而逐渐增加责任感的临界距离。这些“宇宙的主宰”(用了汤姆·沃尔夫小说《虚荣的篝火》中的一句讽刺),把人类总是高估赢利机会而低估受损可能性的偏好发挥得淋漓尽致。斯密说,这一偏好解释了博彩为什么大行其道,银行家所做的,可以说,就是用不属于他们的钱来博彩。或者,至少可以说他们对风险有误判,包括那些所谓的监管者和评级机构,因为他们处于自我循环闭合的环境中。

这些复杂的金融操作伎俩远远超出的斯密所能考虑的范畴。但是,基本的心理和驱动力还是一样的。他对股份公司冷静的看法证实了这一点。他认定这种新的经济所有制形式有其缺陷。尤其是,因为这些公司的管理者管的是别人的钱,而不是自己的钱,他们往往会懒懒散散,并使自己免受股东的严密监督。

事实上,斯密从未将道德同经济学割裂开来,这给后来继承他理论的自由主义思想定了调。自由主义是一座由许多房间构成的大宅。斯密这一间贡献的是平等。法律面前人人平等。这同有些人难免比其他人更富有的实际情况是相容的。但这与因 110
出生或因继承了头衔而不同或具有特权是不相容的。他致力于自由的平等权和平等的受尊重权——搬运工和教授一样享有这些权利。每个人都应自由地在这个世界上走自己的路。当权者应当尊重这种自由,而不要擅自以那些他们知道的更多等似是而非的理由去干预个人的人生旅程。

在斯密看来,个人自由并非独一无二的基本原则或道德观。其本身的价值不如其所带来的可能性的价值。这是从他的道德理论推导出来的。个人都是社会性的存在。与自由主义大厦中其他房间不同,斯密房间里的个体不是独立的存在,他们的行为可以在其所处社会环境中被独立地理解，或者说他们在社会责任之外拥有“天赋权利”。在斯密看来，自由的可贵之处是它能带来更好的公共利益。这种“好”并不是完美。斯密没有设想一个全都是甜美和光明的社会。他没有去描绘一幅“神圣之城”或“德善之地”的蓝图。斯密的“好”更接地气。

他认为真正的公共利益（真实的国家财富）有赖于物质富足的世界。生产的目的是消费。消费更多更好的产品就是享受富足，正如他在格拉斯哥大学教室里所讲的，是一种福祉。通过人们基于自身利益判断采取行动，是最有效的实现方式。而这些利益并不只是为自我服务。正如《道德情操论》开篇所述，人类“天性中存在一些本性”无私地把别人的幸福看成自己的事（《道德情操论》第9页）。然而，他的著作所努力构建的，并不是以道德为基础否定追求个人自身最大利益的作用。

“经济学”事务——提供生存所需资金的组织框架——本身就具有价值。这是一项有价值的任务。这关系到人类能够过
111 活，不落入悲惨贫困之境。努力让人类摆脱贫困是一件崇高的事。这种努力本身就建立在正义、人道、正直和守法等道德价值框架内。它们同对称颂的渴求一起，为法律规则真正得以执行提供了支撑，是自由的保障。自由同富裕一样是一种福祉。

112 斯密遗留的思想财富就在于把富裕同自由结合在一起。

索 引

（条目后的数字为原书页码，见本书边码）

F

G

H

I

J

Q

R

S

T

U

V

W

Christopher J. Berry

ADAM SMITH

A Very Short Introduction

Contents

Acknowledgements

My thanks to Adrian Birchall for recurrently playing the role of 'target reader'; his responses have greatly helped as I shaped my text. I have occasionally imposed on members of my family (especially 'the other Chris') for feedback on style, wording, and 'sense' for which I both apologize and express my gratitude. I do, of course, owe a generalized debt to the community of Smith scholars but, more specifically, to Craig Smith for his input on Chapter 7. Finally I thank Andrea Keegan for inviting me to write this book and Jenny Nugee for her support thereafter. It has been an enjoyable challenge.

List of illustrations

Abbreviations

I insert into the text the following abbreviations followed by page number; these all refer to the Glasgow Edition of Smith's Works, published by the Liberty Press, Indianapolis.

CL	'Considerations concerning the First Formation of Languages', in *LRBL*
Corr	*Correspondence of Adam Smith*, E. Mossner and I. Ross (eds) (1987)
EPS	*Essays on Philosophical Subjects*, W. Wightman (ed.) (1982)
HA	'The Principles which lead and direct Philosophical Enquiries illustrated by the History of Astronomy', in *EPS*
IA	'Of the Imitative Arts', in *EPS*
Life	*Account of the Life and Writings of Adam Smith*, by Dugald Stewart, in *EPS*
LJ	*Lectures on Jurisprudence*, R. Meek, D. Raphael, and P. Stein (eds) (1982)
LRBL	*Lectures on Rhetoric and Belles-Lettres*, J. Bryce (ed.) (1985)
TMS	*The Theory of Moral Sentiments*, A. Macfie and D. Raphael (eds) (1982)
WN	*An Inquiry into the Nature and Causes of the Wealth of Nations*, R. Campbell and A. Skinner (eds) (1981)

1. Engraving of Adam Smith (1790) by John Kay.

Chapter 1
Life and times

Adam Smith is the author of the *Wealth of Nations*, one of the great works in the history of economics. But it is little read, even by economists who are content to pay lip-service to him as a 'founding father' of their discipline. On a broader front his name conjures up the promotion of self-interest and opposition to the state interfering in the market-place, which together will produce prosperity and liberty. For some this is a positive image, Smith's principles lay the foundation for individual and social well-being. For others the picture is negative, Smith's principles lie at the heart of social inequality and individual exploitation. But both of these are gross over-simplifications. For one thing the *Wealth of Nations* is a large, complex book that cannot be reduced to a snappy summary. There is also much more to Smith than a book on the workings of the economy. He wrote an important treatise of moral philosophy, published an exceptionally well-informed history of astronomy, and was an author who cared about literary style and how to communicate both orally and in print.

Biographical outline

Adam Smith was born in 1723 in Kirkcaldy on the east coast of Scotland. His father, also Adam, was a lawyer but he died six months before his son was born. His mother (Margaret) never re-married and Adam was a devoted son throughout her long life—she only died in 1788 predeceasing him by just two years. Dugald Stewart, Smith's first biographer, who knew him and was able to gain additional information from contemporaries, remarks that Adam was a sickly child who received the loving care of his mother but who, in return, gratefully and dutifully repaid her affection over the course of her long life.

He attended the local school from about the age of 8 and benefited from the rigour and enthusiasm of a new master. Smith entered Glasgow University in 1737 at the early—but for the time not that unusual—age of 14. His school-gained proficiency in the classics was such that he was effectively able to by-pass the early years in the curriculum devoted to Latin and Greek. At Glasgow, Smith studied under some of the leading scholars of the day. His most important teacher was the Professor of Moral Philosophy, Francis Hutcheson. In a letter towards the end of his life, Smith paid eloquent tribute to Hutcheson's qualities as a teacher and as a philosopher, despite the fact that in his *Theory of Moral Sentiments* Smith openly disagreed with his views of benevolence and moral sense.

In 1740 Smith was awarded a Snell Scholarship (this is still in existence) to study at Balliol College, Oxford, where he stayed until 1746. This was not because he was enthralled by the education on offer; indeed in the *Wealth of Nations* he was scathing about the quality of the teaching and the teachers. He appears to have spent his time in private study. This, probably, included keeping up his scientific interests, cultivating his linguistic skills, and in developing, as Dugald Stewart conjectured, 'the study of human nature in all its branches, most particularly of the political history of mankind' (*Life* 271). At that time he almost certainly read David Hume's *A Treatise of Human Nature* (1739/40) and Hume was to become his closest friend.

On his return to Scotland in 1746 he went to live with his mother in Kirkcaldy but in 1748 he moved to Edinburgh where, thanks to the patronage of Henry Home—later ennobled as Lord Kames on his appointment as a judge—he was invited to give a series of lectures on rhetoric and later probably on law and philosophy. There is no record of the content of these lectures. They were well-received and he was asked to repeat them. Perhaps because of that success but also, crucially, with the support of Archibald Campbell, Earl of Ilay (later Duke of Argyll), Smith returned to Glasgow University as the Professor of Logic in 1751.

Argyll had a hand in many academic posts and he used his power of patronage to promote individuals who were disposed to modernizing Scottish society. There was one other candidate for the logic chair. Although the vote for Smith was unanimous, his rival (George Muirhead) was an able scholar, who later became Professor of Oriental Languages and then Humanity at Glasgow. In 1752 Smith was appointed, without competition, Professor of Moral Philosophy, a post he held for next twelve years until he left academic life.

Smith taught a wide variety of subjects. Besides courses in philosophy and jurisprudence he also lectured on history, literature, and language. A series of notes taken by students of his lectures on rhetoric and literature have been discovered and published as also have two sets of extensive student notes of his lectures on jurisprudence. Smith dictated his lectures so not only do these notes largely duplicate each other, they also give a reliable account of his subject-matter. In 1762 the university awarded him an LLD in virtue of his 'universally acknowledged reputation in letters and particularly that he has taught Jurisprudence these many years in this University with great applause.'

Smith published two great books and the seeds of both were sown in his Glasgow professorial years. The *Theory of Moral Sentiments* appeared in 1759 and went through six editions in his lifetime. The final one, containing extensive revisions, appeared in the year of his death (1790). These changes indicate that Smith's commitment to moral philosophy endured alongside and beyond the publication of the *Wealth of Nations*, his second great book published in 1776. Although by then Smith had left Glasgow, it is clear from the evidence of the student notes that he had already considered many of that book's leading themes, such as the division of labour, in his Glasgow classrooms. This judgment is backed up by the testimony of his pupil, later professorial colleague, John Millar who recalls that Smith lectured on 'those arts which contribute to subsistence, and to the accumulation of property, in producing correspondent movements or alterations in law and government' (in *Life* 275).

Although Smith left Glasgow University in 1764 that was not to be his last contact with the university, because in 1787 he was elected to the honorary post of rector of the university. In a letter of thanks he declares that he remembers his professorial days as 'by far the most useful and therefore as by far the happiest and most honourable period of my life' (*Corr* 309). Smith left Glasgow because he was offered the more lucrative post of tutor and companion to the 18-year-old Duke of Buccleuch. He got this position through the influence of the Duke's step-father, Charles Townsend.

His first task was to take the young duke to France where they settled in Toulouse but little is known of their time there. What is known is that they also resided for a while in Geneva. While there Smith met the most famous French man of letters, François-Marie Arouet (Voltaire) who lived nearby at Ferney and of whom Smith had a high opinion. Armed with introductions, Smith also visited Paris where he mingled with a number of the literary men and some women of the French Enlightenment. Among those he met were the economists Anne-Robert-Jacques Turgot and François Quesnay. He later acknowledged Turgot's assistance in getting information on French taxation (*Corr* 286). Quesnay was the leader of a group of thinkers (the Physiocrats), whose key idea was that agriculture was the stable base of an economy. Smith was familiar with the Physiocrats' arguments. Quesnay, who sent Smith a copy of his *Physiocratie* (1767), was commended in the *Wealth of Nations* as an 'ingenious and profound author' (*WN* 672). Smith, however, was deeply critical of their system and it is an exaggeration to claim that these meetings, and these writings, were decisive in the formation of Smith's own analyses.

Smith's role as tutor was cut short in 1766 by the unfortunate death of his pupil's brother, who had joined them in France. Despite the brevity of his tutorship, Smith was granted a handsome pension (£300) which relieved him of the necessity of having to earn a living. On his return to Scotland he went back to his mother's house in Kirkcaldy, where Smith, speaking retrospectively in 1780, states he used the peace and quiet to write the *Wealth of Nations*. He moved to Edinburgh (taking his mother with him) in 1777 when, again with the support of the Buccleuch connection, he was appointed a customs commissioner. This post paid well and Smith was able to establish himself in a substantial property though not in the fashionable New Town (whither Hume had moved) but in the Canongate area of the Old Town. The job was not a sinecure and Smith was conscientious in his fulfilment of its obligations to such an extent, though with perhaps a hint of disingenuousness, that he judged that it interrupted his 'literary pursuits' (*Corr* 253).

Among these pursuits were preparing further editions of both the *Wealth of Nations* and, especially, the *Moral Sentiments*. He may also at this time have been trying to complete two other manuscripts. The first he identifies as 'a sort of Philosophical History of all the different branches of Literature, of Philosophy, Poetry and Eloquence', the other a 'sort of theory and History of Law and Government' (*Corr* 287). In the end these tasks defeated him. The content of these manuscripts is unknown. Smith instructed his executors to destroy his papers. He did, however, allow that a few could be published and these appeared posthumously as *Essays on Philosophical Subjects* in 1795.

Despite this loss of material, his published work is still extensive and enables a solid assessment to be made of Smith the author. The same cannot be said of Smith the man. He was not a great correspondent and to gauge his personality means relying principally on the testimony of others. Dugald Stewart's *Life* is the most revealing. Stewart observes that Smith's 'private worth' can be vouched for by 'the confidence, respect and attachment which followed him through all the various relations of life'. He had 'many peculiarities' which, reading between the lines, were perhaps off-putting and it was only his 'intimate friends' who were able to appreciate the 'inexpressible charm of his conversation' and 'artless simplicity of his heart' (*Life* 329).

As Stewart continues to depict him, the portrait that emerges is of an introverted, self-contained man, given to absent-mindedness and taciturnity in public. As to his external appearance, all Stewart can say is that 'there was nothing uncommon' about it but does add the profile medallion produced by James Tassie 'conveys an exact idea of his profile' (*Life* 329). Smith never sat for his portrait (itself unusual among his friends) and, aside from Tassie's work, there only exists a stylized memorial print from John Kay (see Figure 1). The statue in Glasgow University is a 19th-century 'imagination' as is the recent (2008) one in Edinburgh.

Scotland in the age of Smith

In what sort of society did Smith live? Although it is a cliché that all ages are times of transition that observation does apply to 18th-century Scotland.

The most momentous political events took place before Smith was born though they were so profound that he lived with the consequences. The genesis lies in the late 17th century. Scotland at that time had its own parliament but a succession of bad harvests, the ruinous collapse of the 'Darien scheme' (the parliament's attempt to establish Scotland as a colonial power), together with a trading dispute with the English supplied a backdrop to the Union of the Parliaments in 1707. Whether the Union was an act of betrayal by some leading Scots, the product of English chicanery, or an 'escape' from immediate pressing difficulties is still a matter of academic (and political) dispute.

The Treaty of Union gave the Scots as Scots little direct political power (only sixteen nobles in the Lords and about 8 per cent of the complement of the Commons). But the Treaty allowed the Scots to retain their own legal system and their own form of church (the kirk) administration and doctrine. These were significant exceptions since it meant that what mattered most immediately to most people remained in Scottish hands. In the absence of a parliament, the lawyers became pivotal figures. On behalf of their patrons, such as notably the Duke of Argyll, they effectively ran Scotland.

When Queen Anne died in 1714 the throne of England and Scotland passed to George of Hanover. This succession had been anticipated in the Treaty because Article II stipulated that should Anne die without issue then the monarchy should pass to Sophia of Hanover and her heirs 'being Protestants'. That article re-affirmed the 1689 Settlement. This document was generated by the accession of William and Mary, following the deposition/abdication of the Stuart king James II/VII, and it stipulated that no Catholic can be monarch. George qualified because being married to a grand-daughter of the first Stuart king (James I and VI) he was the most closely related Protestant. It was the Hanoverian succession that had particular political consequences in Scotland.

The educated, professional Scots, whose many writings across a wide range of subjects constitute the 'Scottish Enlightenment' (as it is now known), were Hanoverians. This meant more than simply supporting the current system because that very support signified their opposition to Jacobitism. The Jacobites were the supporters of the Stuart line and in the first half of the 18th century there were regular flare-ups against the new dynasty. The regularity of these flare-ups suggests that the Hanoverian succession was far from bedded-down.

The two most significant rebellions occurred in 1715 and 1745. The '15 had widespread support, tapping into a well of general dissatisfaction with the perceived lack of benefits flowing from the Union. The '45 initially posed a greater threat to the British state as the army of the Young Pretender or Bonnie Prince Charlie penetrated as far south as Derby in England, about 120 miles from London. The initial military success of the Jacobites was not matched by popular support from the bulk of the Scottish people and was soon reversed. After the battle of Culloden (1746), which crushed the rebellion, it was deliberate government policy to destroy the political separateness of the Highlands.

Smith was in England and away from the turmoil, returning to Kirkcaldy only after Culloden. There is no doubting his loyalty to the Hanoverian regime. In the *Wealth of Nations* he used examples from the Highlands chiefly to illustrate an undeveloped economy and outmoded legal practices. He explicitly mentions Cameron of Lochiel, who without legal authority was able 'to exercise the highest criminal jurisdiction over his own people' (*WN* 416). It wasn't that he was vindictive or capricious but that there was no uniform or functional system of justice owing to the unimproved nature of the infrastructure and economy.

One of the motives behind the Union was the need for Scots to gain unrestricted access to English markets. Conscious of the fact that their economy, when compared to England, was undeveloped, the major Scottish institutions, and their members, sought to modernize or bring about 'improvement'. Eventually, by about mid-century, the Union began to have an economic pay-off and rapid change took place. The growth of Glasgow was the most remarkable of these changes. Its population grew from (roughly) 17,000 when Smith was a student to close to (roughly) 80,000 on his death. Excluding agriculture, the production of textiles, especially linen, was the chief Scottish industry. In Glasgow the crucial development was the growth in the tobacco trade as it overtook Bristol to become the major port. Smith knew a number of the Glasgow 'tobacco lords'. He was a member of the Glasgow Literary Society, presided over by Andrew Cochrane, one of these 'lords'. Their legacy lives on in Glasgow street names, like Glassford and Ingram as well as Cochrane.

The development of 'heavier' industry like coal mining and iron smelting did not take off until the last quarter of the century. The economic principles put forward in the *Wealth of Nations* were not a response to these developments. Smith illustrated his principles with reference to small, workshop manufacture, like pin-making. What urbanization and textile production did require was a supportive infrastructure both physical and financial. Transportation was by horse (Smith rode to Oxford) and boat. While there was a reasonably efficient coach service between Edinburgh and London, cross-country travel was arduous. The simplest way from Kirkcaldy to Edinburgh was by boat across the Firth of Forth rather than by road and ferry.

To transport in bulk had to be by boat and to get from Glasgow to Edinburgh (about 45 miles apart) meant a long and hazardous sea voyage. A crucial 'improving' scheme was to build a canal linking the estuaries of the rivers Forth in the east and the Clyde in the west. This was started in 1768 and completed in 1790. It was a considerable engineering achievement. The still usable viaduct over the river Kelvin near Glasgow was proclaimed as 'one of the most stupendous works of this kind perhaps in the world'. Its construction did, of course, require extensive capital funding. Linked to this need for capital investment was the appearance of many banks. One of the problems faced by the shareholders in the Forth-Clyde Canal was the depression in confidence caused by the crash of the Ayr Bank in 1772. Smith was well aware of these events and his views on speculators ('projectors'), banking, and financial regulation are found in the *Wealth of Nations*.

The officially sanctioned form of church government in Scotland, left intact by the Union, was Presbyterianism of the rigorous Calvinist variety. There was a history of enforced orthodoxy. For example, in 1696 a 19-year-old student Thomas Aikenhead was executed for blasphemy. Yet change was in the air (at least at elite level). The loss of a Scotland's own parliament at the Union enhanced the kirk's role as the nearest equivalent to a national debating forum in the form of the General Assembly. This role made it the focus of political attention and this eventually helped the Scottish church (or elements of it) and the Scottish Enlightenment to come to some sort of mutual understanding. William Robertson personifies this. He was Principal of Edinburgh University for over thirty years and also a leading figure in the reforming or modernizing wing of the church, known as the 'Moderates'. Through astute manoeuvring, this group of like-minded 'modernizers' committed to 'improvement', managed to make itself the dominant 'party' in the Assembly. This enabled the Moderates to oversee the appointment of church ministers sympathetic to improvement and to 'enlightenment'. Smith was friendly with the leading Moderates and this circle was sufficiently catholic (as it were) to include David Hume, popularly regarded as an 'infidel'.

With the exception of Hume and law-lords like Kames, the thinkers of the Scottish Enlightenment were, like Smith, university professors. For a country of Scotland's size and population the presence of five universities—St Andrews, Kings and Marischal Colleges in Aberdeen, and Edinburgh, in addition to Glasgow—is striking. The traditional task of these universities was to turn out ministers of religion, and this continued throughout the century but here, too, there was change.

The teaching was reorganized and lectures no longer delivered in Latin (Hutcheson was a pioneer). Professorships in law were established and medical schools were officially recognized in Edinburgh (1740) and Glasgow (1760) (the provision of a medical education, though formally part of the curriculum, had become moribund). This 'vocationalism' was symptomatic of the recognized need to address the demands of social change. Aside from these developments in law and medicine there was expansion in subjects like chemistry and botany which had obvious uses in agricultural improvement, such as the development of fertilizers, and in 'industry', such as dyes for linen. But the universities were also open to intellectual developments. Curricula were changed and especially notable was the speed with which Isaac Newton's work was adopted and professed.

Scotland was a small society and its leading institutions of the law, the church, and the academy formed a network. The intellectual elite were involved across the board. With the involvement of this elite in the key institutions, the Enlightenment in Scotland is an integral part of the 'establishment'. This involvement was given a further expression in the proliferation of clubs and debating societies that formed a point of convergence for the universities, the law, the church and the 'improving' gentry, and, especially in Glasgow, the merchants. For example, the 'Select' Society (or more formally and indicatively 'the Edinburgh Society for the Encouraging of Arts, Sciences, Manufactures and Agriculture') included among its number Smith, Hume, Kames, and Robertson. For all his somewhat retiring nature and reputation, Smith was an active member of several of these associations, not only the Glasgow Literary club with its mix of 'town and gown', but also the convivial as well as intellectual Oyster Club in Edinburgh. He was a founder member of the Royal Society of Edinburgh (1783).

A number of the clubs were concerned with 'politeness'. This reflected the emerging urban culture so that 'urbanity' (and the related 'civility') became positively valued traits of character and behaviour. These are issues that figure prominently in the *Moral Sentiments*.

The Enlightenment: Scotland and beyond

Smith is unquestionably a member of what Peter Gay called the 'Enlightenment family'. The Enlightenment was a self-conscious movement. The participants—referred to in Scotland as the literati—were by definition members of the educated stratum of society. In Scotland they were professionals, especially lawyers, doctors, and university professors, and this is the case elsewhere in Europe, though not in France.

The Enlightenment was not a localized affair. There were family members throughout Europe as well as North America. The literati genuinely were participants in an international dialogue, seeing themselves as engaged in the same debates. One form of this dialogue was direct engagement. So, for example, Smith engaged Jean-Jacques Rousseau by reviewing his *Discourse on Inequality* for the short-lived *Edinburgh Review* in 1755.

A second form of dialogue was the widespread dissemination of works and translations. Both the *Wealth of Nations* and the *Moral Sentiments* were rapidly and widely translated and that added to their dissemination. For example, the Italians typically knew the *Wealth of Nations* via its French version. A good example of this shared intellectual environment is provided by Smith who, on behalf of his university, bought the first seven volumes of Denis Diderot's *Encyclopédie* (begun in 1755). All the Scots expressed their intellectual debt to Charles Secondat, baron Montesquieu, and although Smith (typically) is sparing in his published references to him it is clear from his lecture notes that he had a close knowledge of his work.

Their own imagery of 'light' provides a helpful clue to the core concerns of these self-conscious intellectuals. Light implied that earlier times were comparatively benighted. In less metaphorical terms this contrast between light and dark is the contrast between knowledge or reason on the one hand and ignorance, prejudice, and superstition on the other. Slavery, torture, witchcraft, religious persecution, and the like were to be opposed as relics, as creatures of the night.

Smith's writings show that he shared this agenda. Even though as a writer he was not given to expressions of outrage he was clear that slavery is evil, was unambiguous in his condemnation of infanticide, and fervent in his denunciation of judicial cruelty. In this last case he drew on personal experience. While in Toulouse, Jean Calas, a Calvinist, was falsely accused and then executed by the local Catholic authorities for the supposed murder of his son (Smith added a reference to this event in the final edition of the *Moral Sentiments*).

Central to the lifting of darkness was the light shone by science. The brightest star in that firmament was Isaac Newton. Newton was the hero of the Enlightenment. His achievement was to encompass within one comprehensive schema an explanation, derived from a few simple principles (laws of motion plus gravity), of the range of natural phenomena, from the orbit of the planets to apples falling from trees. Crucially and decisively these laws were proved to be right. Newton's calculation that the Earth was, contrary to the system of the French mathematician and philosopher René Descartes, more like a turnip (flatter around the poles) than a lemon (elongated at the poles) was vindicated by scientific expeditions to Lapland and the Equator. One hallmark of Newton's status was that to liken someone's work to his was to pay it the highest possible compliment. For example, John Millar in his *Historical View* (1787) declared Smith to be the 'Newton of political economy' because he had discovered the principles of commerce. Smith shared this Enlightenment enthusiasm and in his case this was backed up by an impressive knowledge of astronomy.

The Scots believed in progress. This belief required an account of social change over time and much of the writing of the Scottish Enlightenment pursued this project. It was a conspicuous feature of Smith's university lectures and is an important theme in the *Wealth of Nations*. The Scots had a relatively cautious conception of progress. They accept that much light has been shed across a wide front and that the growth of knowledge is indeed a crucial ingredient in this advance. However, they are less confident than some of their contemporaries in France or England that progress is automatic and necessarily always and in all respects an improvement. An important factor accounting for their caution is that the Scots attach weight to the role of social habits or customs, which are resistant to obvious or quick solutions. In line with this Smith emphasizes the gradualness of social change and argues that the change itself is often an unintended consequence. These emphases run though all of his work.

Chapter 2
Communication and imagination

In the breadth of his interests and knowledge, Adam Smith was a typical member of the Enlightenment. Today he is best known as an economist but that is to short-change him. Something important is missed if the rest of his work is not taken on board. Not only does this neglect the range of his thinking it also obscures its interwoven character. The arguments in the *Moral Sentiments* and the *Wealth of Nations* intersect and his posthumously published *Essays on Philosophical Subjects* throw light on recurrent themes in his work.

One of these themes is that humans are social beings. Smith investigates forms of social interaction, like buying and selling or praising and blaming, but he also looks, more generally, at how humans try to make sense of the world around them and of one another in it. Precisely because they are social creatures, humans do not, and cannot, do this on their own. They have to interact or communicate. This general question features prominently in the *Essays* as well as in some of his Glasgow lectures.

Language

An obviously central aspect of communication is language. Prior to his appointment at Glasgow, Smith gave some public lectures on rhetoric in Edinburgh. In the more formal setting of the university lecture hall, he returned to the subject. Thanks to the discovery of student notes, there is a record of his lectures in 1762–3. One of these lectures was devoted to the origin of language. Of the thirty lectures that have survived this was the only one that he thought worthwhile expanding and publishing. The 'Considerations concerning the First Formation of Languages and the different genius of Original and Compounded Languages' first appeared in a book of philological essays published in London in 1761 and then as an appendix to the third edition (1767) of the *Moral Sentiments*.

Why publish this particular lecture? Two general reasons suggest themselves. The great fear of the Scottish literati was that they would appear provincial and unpolished when compared to the more fashionable centres of London and Paris. This anxiety fuelled a preoccupation with how to write in correct English in order to avoid what were called 'Scotticisms'. David Hume, for example, compiled a list of these as did his arch-philosophical foe James Beattie. They also wished to avoid sounding uncouth when they spoke. Classes on elocution were given in Edinburgh and drew large audiences.

Smith was not immune to this general anxiety but the second reason is more important. The whole question of the origin of language was a subject of lively debate across the Enlightenment, and by choosing to publish the *Considerations* Smith was declaring himself a participant. The *Considerations* do not make a significant contribution to the history of linguistics, though the same can be said of most the debate's participants. However, the work is informative because it outlines a pattern of thinking that recurs across his writings.

In the *Considerations* Smith approaches his subject from two complementary directions. His treatment is both philosophical or theoretical and historical or empirical. The common thread is the development of grammar. The theoretical argument is that the various grammatical elements in language (verbs, nouns, adjectives, prepositions, etc.) are not all present at the beginning of human speech. Rather, they develop or emerge alongside the maturing of human faculties. The essay plots this development.

Smith's template (so to speak) for this was an adaptation of the argument of the English philosopher John Locke (1632–1704). Locke was an empiricist (holding that what we know is the product of our experience). He illustrated this with a well-known image. Humans are born as a blank sheet of paper on which is written what is acquired initially through our senses (sight, touch, etc.).

Following Locke, Smith (along with many others) drew a parallel between the development of language in children and its development in humankind. This parallel relies on 'savages' representing, in a favourite phrase in the Enlightenment (and in Scotland especially), 'the infancy of mankind'. *Both* children and savages live in the 'here and now', a world of immediate sensations. They dwell in the present and because of their undeveloped faculties they neither ruminate on the past nor plan for the future. Any such rumination or planning supposes on their part a capacity for reflection, an ability to distance or abstract themselves from what currently grabs their attention. But just as children grow up and enlarge their experience, so, too, language develops.

According to Smith this process occurs 'insensibly' by which he means that it is not a product of self-conscious reasoning. It just happens in the natural course of things. His developmental argument rules out reasoning because it would mean, contrary to the evidence, that children and savages are capable of thinking abstractly or, in their initial utterances, of using general terms.

Smith applies this argument to the various parts of speech. His model is Latin and that language supplies most of his examples.

Nouns begin as words that refer to a particular object in a particular location at a particular time. This is the initial language of children and savages. But as experience grows, that same word would be generalized 'naturally' (or insensibly) and be given to similar features regardless of time or place.

He gives the word 'tree' as an example. At first it referred only to a particular object but over time the word is applied to similar objects and gradually becomes a general or abstract term referring to any or all trees. The abstract noun 'tree' similarly predates the more abstract adjective 'green' which itself precedes the even more abstract word 'greenness'. Smith makes clear the assumptions underlying this developmental process when he treats prepositions and pronouns. These parts of speech, he declares, because they are 'the most general and abstract... would probably be the last invented'; they would 'not easily or readily occur to the first formers of language' (CL 212, 219). What would more readily occur is changing the endings of an existing word. The separate word 'of', for example, is a later development than the creation of a genitive case.

This same developmental process also applies to verbs. At first savages would convey the approach of a lion (Smith's example) in a single word. In due course that word would be generalized to refer to the approach of any wild beast (itself a concurrent generalization) and gradually be generalized further to refer simply or purely to the act of approaching. As experience enlarges, instead of a single word there develop nouns (lion) and pronouns (I/you approach), as well as auxiliaries (he had approached).

It is typical of Smith's thought that this account of the evolution of grammar is complemented by historical evidence. Travellers and historians all report that in the languages of savages there is, for example, an absence of personal pronouns and when they developed any new words they did this by amending existing ones. Ancient Greek is a case a point, it is a simple or uncompounded language (this explains the reference to 'compounded' languages in the full title of the *Considerations*). But as society develops and tribes interact, languages mix. This leads to a simplification of grammar.

This time using Greek as his example, Smith observes that this language has a complex system of conjugations and declensions. In contrast, English, as a mix of French and Saxon, possesses a large vocabulary and, as a result, is grammatically a much simpler language. This greater simplicity followed from the need to interact. In order for the speakers of two different languages to communicate they had to forgo mastering the intricacies of the other language. It is in this way, Smith conjectures, that a preposition ('of') would 'naturally' replace the genitive case in a declension. This empirical/historical account thus comes to the same conclusion as his philosophical analysis of grammar.

Since humans are social beings then this use of increasingly abstract terms and simplified grammar occurs and evolves in that setting. Smith's argument in the *Considerations* is an example of 'conjectural' (or theoretical or natural) history, as Dugald Stewart called it when making explicit reference to this work. This style of argument and its developmental assumptions recur throughout Smith's work. For example, in the *Wealth of Nations* Smith traces the development of money as a unit of exchange from concrete material objects, like shells, to inherently worthless pieces of paper or to the even more abstract idea of credit. Again, political rule develops from the tangible personal physical power exercised by the strong to the abstract impersonal authority of the rule of law.

A central theme of conjectural history is that humans start off thinking in practical terms about their immediate circumstances (what's the best way to catch fish?). But as society develops they can stand back from the demands of daily life and think more theoretically as they begin to reflect on their circumstances (why can't fish live out of water?).

Association and explanation

The link between increased reflectiveness and social development is a feature of the 'History of Astronomy' (one of his posthumously published *Essays*). In the third section of the 'Astronomy' Smith again refers to the life of the 'savage'. Savages, he conjectures, live in a pre-philosophical age where subsistence is precarious and life is short. They are preoccupied with immediate questions of survival and have neither the time nor the inclination to look into the causes of things. When confronted by startling irregularities in their experience, their response is to invoke some 'invisible and designing power' (HA 49). This invocation is based on their own emotions such as fear or love. If the sea is stormy then Neptune is angry, if calm then it expresses his good will. In this anthropomorphism Smith sees the origin of polytheism, separate gods responsible for harvests or the quality of the wine or the variability of the weather and so on. He makes much the same point in the *Moral Sentiments.*

However, with the gradual establishment of order and security there comes, for those of 'liberal fortunes', sufficient leisure to enable them to pay closer and more reflective attention to the world around them. This 'attention', Smith declares, is a disinterested affair. As befits the social status of its first practitioners, philosophy or science (the terms are interchangeable) does not originate in any material need to extract advantage from its discoveries. To investigate why fish have gills is a distinct enquiry from how to increase the catch. That humans can have motives beyond meeting their immediate needs is an argument Smith will make in the *Wealth of Nations.*

The first societies developed enough to practise philosophy were the city-states of Greece and their colonies. The final section of the essay is devoted to the history of astronomy as a test-case of this philosophical development. Smith charts its history from the system of concentric circles of Aristotle through Ptolemy to Copernicus, Galileo, Kepler, Descartes, and finally Newton. Although his scholarship is remarkable what is of most interest is Smith's discussion in the opening sections of the essay. In these sections Smith puts forward a general psychological argument.

He is attempting to account for a distinctive feature of human nature: why are humans always looking for explanations? It is this attempt that is captured in the full title of the essay 'The Principles which lead and direct Philosophical Enquiries: Illustrated by the History of Astronomy'. There are two other shorter essays included in the posthumous collection that also 'illustrate' these 'principles', namely, 'Ancient Physics' and 'Ancient Logics and Metaphysics', but they scarcely live up to their billing being far sketchier and limited in subject-matter. All three are investigations into motivation, into what 'leads' humans to philosophize. Smith is explicit about that remit. He is not assessing astronomical systems and is explicit that it is a separate question as to whether or not these systems are true or consistent with reality.

As in the *Considerations*, in the 'Astronomy' there is an underlying acceptance of an empirical, Lockean approach. Indeed the parallel between the savage and the child is repeated when he notes how a child 'beats the stone that hurts it' and the savage punishes the axe that had accidentally caused a death (HA 49). The underlying assumption, which Smith took from David Hume's amendment of the Lockean approach, is that in the normal run of things humans out of habit expect events to follow a sequence. To give one of Hume's examples, first flame then heat; we link or associate them in that order because it is a constant feature of experience that the latter follows the former.

As Smith himself explains,

> when two objects, however unlike, have often been observed to follow each other, and have constantly presented themselves to the senses in that order they come to be so connected together in the fancy [imagination] that the idea of the one seems of its own accord to call up and introduce that of the other. (HA 40)

The effect of this 'habit of the imagination' is a putting together of recurrent features of experience, it categorizes or classifies them. Smith illustrates this with an example drawn from language. Echoing the example of 'tree' in the *Considerations*, he here cites the word 'animal' as a general name that classifies or groups together by association all those beings that move of their own accord. It is what happens when these habitual acts of association break down that interests Smith. For example, in the 18th century whether a polyp was an animal or a vegetable was hotly debated (Smith alludes to this).

He starts by identifying three human sentiments—surprise, wonder, and admiration. He then elaborates. Surprise is experienced when the unexpected happens, wonder is excited by what is new and singular, and admiration by what is great and beautiful. The first two emotions do most of the work in Smith's argument as it unfolds. Having provided this psychological sentimental foundation he can proceed with his inquiry.

In line with his definitions, when the habitual or expected associations break down, or when an event or object eludes the customary categories or groupings, we are 'at first surprised by the unexpectedness of the new appearances' (HA 41). The next step is crucial. Once the momentary emotion of surprise passes then, he asserts, we wonder how the unexpected event came about. Wonder is stimulated when an aspect of experience appears incoherent, or in other words when there are gaps or breaks that disrupt the associations made by the smooth working of the imagination.

For Smith this disruption and inability to classify creates 'uncertainty and anxious curiosity' (HA 40). Why? His answer relies on the incontrovertible fact that humans seek pleasure and avoid pain. This reliance is a constant in his work, underpinning, for example, much of the argument in *The Theory of Moral Sentiments*. Anxiety or unease is a species of pain from which it follows that there is a motive to remove or alleviate it. A remedy is sought. The remedy on offer is to provide an explanation. The source of the human motivation to explain is an emotional impulse to plug these gaps and in that way dispel anxiety and restore the pleasurable default state of orderly associations. How is this restoration achieved?

Smith's answer is striking. He says the gap is plugged by supposing or imagining a connection. The associations that the imagination has customarily made are replicated by supposing a 'chain of intermediate, though invisible, events' (HA 42). He gives the example of magnetism. To see iron seemingly of itself move toward a lodestone breaks the established (by habit) associations that account for the motion of an object as a result of it being either pulled or pushed. That break or gap creates an uneasiness that needs to be removed. In this case the associational gap is bridged by imagining some invisible medium that connects (pulls) the iron to the lodestone. The effect of this act of imagination is that this connection can now be classified as a familiar example of motion as the effect of some impulse. This imagined chain creates a new set of customary associations and the painful incoherence of gaps removed. Once this is achieved then the movement of the iron has been explained. It is no longer surprising and a cause of wonder.

Smith took this example from René Descartes (1596–1650). Descartes' solution to the 'problem of magnetism' was clearly a more sophisticated gap-filling than the savage's invocation of some god. This relative sophistication reflects social development. As society develops so a distinction implicitly emerges between experts and others. Non-experts, that is 'the bulk of mankind', typically experience no breaks in their imagined associations. Smith remarks that humans in general do not 'wonder' how what they eat is converted into muscle or fat. By contrast experts are 'embarrassed' by incoherencies and seek to unite 'the various appearances of nature'.

Philosophers or scientists are experts who seek to unify this variety. Smith defines philosophy as the 'science of the connecting principles of nature' (HA 45). Like Descartes' explanation of magnetic attraction, it introduces order into chaos by 'representing the invisible chains' that bind together disjointed objects. In this way philosophy/science allays the 'tumult of the imagination' and restores it to tranquillity. On this basis, Smith now affirms, philosophy can be 'regarded as one of those arts which address themselves to the imagination' (HA 46). The history of astronomy is an 'illustration' of this process. In telling this story Smith draws particular attention to the transition from one astronomical system to another.

The Copernican heliocentric system replaced Ptolemy's geocentric model. But that success did not happen overnight. Smith astutely observes that it was initially rejected not only by the ignorant but also by the 'learned' whose own habits of imagination resisted Copernicus' re-imagining. But there were exceptions among the learned and in time, as more evidence accumulated, more and more astronomers accepted Copernicus. This was not the end of the matter. The Copernican system continued to create for astronomers (experts) more wonder, more gaps in an imagined chain. In accordance with Smith's psychological theory these, too, had to be bridged. For example, the gap between the revolutionary motion of the planets and their supposed inertness made the scientists uneasy. Their imagination was disturbed. Descartes attempted to restore tranquillity by conceiving the planets as floating in a substance he called 'ether'. This had some success because it was an analogy (a form of classification) familiar to the imagination (heavy objects like ships can float). Yet Smith remarks that this success was short-lived. Descartes proposed gap-filling was almost universally rejected in favour of Newton's.

The advantages of the Newtonian system are that it explained all planetary irregularities (something Descartes failed to do). Its predictions had proved accurate and it had linked into one system all celestial and terrestrial phenomena. Newton had achieved this by utilizing the principle of gravity. Because this is so familiar, after all apples when detached from their branch always fall to the ground they do not fly into the sky, then it was easy to imagine it as an explanatory principle. In consequence, Smith declares, here echoing the standard Enlightenment judgment, that Newton's work was 'the greatest and most admirable improvement that was ever made in philosophy' (HA 98). This is true not only as a matter of demonstrable fact but also in terms of the essay's remit to investigate the psychological underpinnings of the motivation to philosophize. Newton has restored tranquillity.

In general, if not in specific, terms Smith aimed to follow a Newtonian methodology. According to Newton himself in his *Principia* (1686), the first rule of reasoning in natural philosophy is: admit only such causes as are 'true and sufficient to explain appearances'. Here two points are being made—the aim should be economy so that a lot is explained by a little and the explanation is achieved through the identification of causes.

Smith says of the 'Astronomy' that his aim in that essay is to consider the 'nature and causes' of the three emotions and their influence. That same terminology is reflected in the full title of his most famous work as *An Inquiry into the Nature and Causes of the Wealth of Nations*. This repetition is no coincidence; it reflects the interwoven character of Smith's work. One clear illustration of this is his comment in the *Wealth of Nations* that the 'revolutions of the heavenly bodies... necessarily excite wonder so they naturally call forth the curiosity of mankind to enquire into their causes' (*WN* 767).

Style and aesthetics

More evidence of Smith's endorsement of Newton can be found in his Logic class at Glasgow. According to John Millar (as reported to Dugald Stewart), Smith in that class concentrated on rhetoric and belles-lettres. In this course of lectures, Smith explicitly identified a particular style of writing as the 'Newtonian method'. This method he judged to be the 'most philosophical'. It proceeds from proven first principles to explain a variety of phenomena by 'connecting [them] altogether by the same chain' (*LRBL* 146). This last phrase reveals a link to the *Astronomy*. For example, in the context of historical composition, he remarks that 'the very notion of a gap makes us uneasy' (*LRBL* 100).

Though Smith is not explicit, the inference is that Newton's method should be followed in 'every science' whether 'natural' (like physics) or 'social' (like economics). This inference is strengthened when the Newtonian method is compared to its chief alternative, the Aristotelian. The latter method, Smith identifies as one where a different principle is given to every phenomenon. It is deficient both because it is unsystematic and because it lacks the economy of the Newtonian approach.

Millar also reports that, given the youthfulness of his student audience, it was Smith's view that his emphasis on rhetoric was,

> the best method of explaining and illustrating [that] the various powers of the human mind... arises from an examination of the several ways of communicating our thoughts by speech, and from an attention to the principles of those literary compositions which contribute to persuasion or entertainment. (*Life* 274)

Language as a basic form of human communication involves more than the grammatical analysis undertaken in the *Considerations*. As social beings, humans use it to persuade, cajole, inspire, and so on; they practise rhetoric. The art of rhetoric had a long history. To speak persuasively was the key to political and legal success in Greece and Rome and numerous 'how to' books were written. The study of rhetoric was institutionalized in the Renaissance and it continued as a staple of education. But Smith, along with many of his contemporaries and compatriots, changed the focus. The emphasis in the majority of his lectures was on literature (belles-lettres), on written rather than verbal communication.

Literary style thus becomes a key topic. For Smith, stylistic 'perfection' consists in authors expressing concisely their meaning and doing so in a way that best conveys the 'sentiment, passion or affection' they want to communicate to the reader (*LRBL* 55). The communication of sentiments plays a key role in the *Moral Sentiments*. In the rhetoric lectures the focus is on the link between style and aesthetic taste because a successful communication would have 'all the beauty language was capable of bestowing on it' (*LRBL* 40). In the terminology of the 'Astronomy', it calls forth admiration. The analysis of style becomes in this way a major feature of literary criticism. For example, Smith criticized Lord Shaftesbury's 'pompous, grand and ornate' style as inappropriate when writing philosophically where precision is required (*LRBL* 59). It is, however, not obvious that Smith himself in his published works, especially in the *Moral Sentiments*, obeyed this own injunction to avoid embellishment.

Another essay in the posthumous collection pursued some of these questions in a more abstract manner. One of these, 'Of the Imitative Arts', deals with a central question in contemporary aesthetics. Smith distinguishes between 'servile imitation', where an exact resemblance or perfect copy is the aim, and a superior type of imitation which seeks to resemble 'an object of a different kind', whether 'a production of nature or art' (IA 178). The superiority is clearest when there is a disparity between the imitated and the imitation.

He gives one of Rembrandt's paintings as a particular example of this disjunction. Rembrandt, as a sophisticated artist, has exhibited great skill in depicting 'a vulgar ordinary man or woman, engaged in a vulgar ordinary action' (IA 179). This juxtaposition for Smith lies at the root of aesthetic pleasure. The same viewer who delights in the picture would (by implication) look upon its subject matter, these ordinary folk in the flesh, with distaste. In now familiar language, Smith says we 'wonder' at the effect created and are pleased when we appreciate, to some extent at least, how it was achieved. In this way the 'pleasing wonder of ignorance is accompanied with the still more pleasing satisfaction of science' (IA 185). The essay proceeds to outline how imitation differs between the arts with an annexed section that deals specifically with music, dancing, and poetry.

This essay, alongside his belle-lettristic concern with literature, supports Dugald Stewart's observation that Smith 'never neglected to cultivate a taste for the fine arts' (*Life* 305). These particular concerns testify to the breadth of Smith's own interests. They also reveal, more generally, the importance he gives to communication. Reflecting the interwoven character of his work, this commitment to the importance of communication pervades more than his writing and teaching on language and rhetoric. It also informs his two best-known works; for example, in his account of the dynamics of exchange (a form of persuasion) in the *Wealth of Nations* and, along with imagination, in the dynamics of moral assessment in the *Moral Sentiments*.

Chapter 3
Sympathetic spectators

Smith published *The Theory of Moral Sentiments* in 1759. It drew heavily on his university lectures, following his appointment as Professor of Moral Philosophy in 1752. The book went through six editions in his lifetime, with the second (1761) and sixth (published in 1790, the year of his death) making significant changes. The third (1767) included the 'Considerations on Language', although modern editions omit it and re-locate it in the *Lectures on Rhetoric and Belles-Lettres*. Since Smith continued to work on his moral philosophy after the publication of the *Wealth of Nations* in 1776, then it is reasonable enough to assume there is no fundamental rift between his 'economics' and 'ethics'.

Empiricism

The title *The Theory of Moral Sentiments* is revealing. Smith's decision to call it a 'theory' tells the reader that it is work of enquiry or philosophy. At the same time it implies that it is not a guidebook instructing the reader how to live morally. Perhaps, because many other 18th-century works on 'morality' were 'how to' manuals of that sort, Smith added a sub-title to the third edition. This announced that the book was 'An Essay towards an Analysis of the Principles by which Men naturally judge concerning the Conduct and Character, first of their Neighbours, and afterwards of themselves'. What the book sets out to do is investigate or analyse how, in practice, judgments and decisions about what is right or wrong are made.

The term 'sentiments' in the book's title is also informative. It locates the book in a particular tradition of moral philosophy and one that was especially strong in Scotland. The Scots are empiricists, that is knowledge derives from experience (cf. Chapter 2). We know rain is wet because we feel it on our skin; we know that the ancient Romans wore togas because we have evidence from statuary and literature; we know that the tribes of North America are war-like because we have corroboratory evidence from missionaries and explorers. Moral knowledge is no exception. According to the Scots' moral philosophy, the evidence is that humans experience and respond to the world through feeling or emotion or sentiment. We all feel anger towards cheats, we all feel affection to those who support us, we all feel compassion toward the unfortunate, and so on.

Feelings or emotions act as motives. We are moved to anger. What moves humans are their desires or passions. Here the Scottish empiricists hit a problem. The source of this problem was the reading of the 'evidence' that was put forward by two (non-Scottish) thinkers in particular—Thomas Hobbes (1588–1679) and Bernard Mandeville (1670–1733). The agenda for the Scots' moral philosophy, including Smith's, was developed in response to their argument.

For Hobbes *the* fact about humans is that they are concerned with their own well-being or self-interest to the exclusion of others. Each and every person is motivated by their passions: if they want something they are driven toward obtaining it; and, conversely, if they are afraid they are driven away from what scares them. As an account of motivation, with one crucial exception, there was nothing here to which Smith and others would object. The exception was Hobbes' insistence on exclusivity. According to Hobbes individuals were always either actually or potentially in competition with each other. His solution to that unbridled competition was to establish an authorized sovereign, who would enforce 'fair play' or, more broadly, end disputes about justice or what is right and good.

For contemporaries and successors this was unacceptable because it reduced morality to doing what the sovereign said. One influential counter to Hobbes was given by Anthony Ashley Cooper, third Earl of Shaftesbury (1671–1713). Shaftesbury thought Hobbes' philosophy rested on a faulty reading of human nature. Humans were not exclusively self-centred; they also possessed what he called a 'natural moral sense'. Here Shaftesbury introduced the terminology that the Scots would adopt.

The Scots openly acknowledge their debt to Shaftesbury but this is mediated by the impact of Mandeville. Like Hobbes but in an even more openly provocative manner, Mandeville argued that virtuous actions were not necessary to produce beneficial outcomes, vices can have the same effect. For example, greed is good because it generates material prosperity. To his contemporaries this was tantamount to saying virtue was a sham and that the virtuous (all right-thinking individuals in other words) were hypocrites. Certainly Mandeville made Shaftesbury a frequent target for such jibes. But what was so potentially damaging was Mandeville's claim that Shaftesbury's theory is untrue because it is inconsistent with daily experience.

Pre-eminent among the defenders of Shaftesbury against Mandeville was Francis Hutcheson, Smith's teacher and predecessor as Professor of Moral Philosophy. While there is more to Hutcheson than a negative reaction to Mandeville, this context is central to his own positive moral theory and that theory is in its turn central to all the Scots. This does not mean they agree with him but their own thoughts are shaped by the ways in which they disagree. Smith's moral philosophy follows that pattern.

Hutcheson and moral sense

In contrast to Hobbes and Mandeville, Hutcheson firmly separates morality from 'advantage' or self-interest. He announces that his intention is to seek to discover the natural foundation for moral goodness (and moral evil). He finds this foundation in the moral sense possessed by all humans. In the way that the five senses of smell, sight, etc. tell humans about the physical world around them, so Hutcheson argues the moral sense tells them about human conduct. Moreover, just as we cannot help seeing what we see when our eyes are open, we cannot help determining whether an action is good or not. Importantly this 'determination' (Hutcheson's word) is made without any reference to personal advantage. An adaptation of one of his examples captures what is at stake. Suppose Aaron and Zoe each give me £100. Aaron does so because he wishes me to be happy, Zoe because she calculates giving the £100 will further her self-interest. Although I get £100 in each case, according to Hutcheson I will have a different sentiment toward Aaron than I do toward Zoe. That 'difference', he declares, is perceived by the moral sense.

The whole thrust of Hutcheson's argument is that the principle of self-interest is unable to explain moral experience. We feel there is a real difference between the benevolent action of Aaron and the self-serving behaviour of Zoe. For Hutcheson benevolence lies at the core of morality, this is what the moral sense identifies. Benevolence, literally good will toward 'all beings capable of happiness or misery', is not something humans have to learn. It is instinctive. But here Smith disagrees, as does David Hume, the most important link between Smith and Hutcheson.

Sympathy

Although Hutcheson had used the term 'sympathy' it played a central role in Hume's empiricist moral philosophy. For him it is the means by which we pass moral judgments. Sympathy converts knowledge of a crime into the sentiment that a wrong has been done. By calling this a conversion he is departing from Hutcheson's direct recourse to the moral sense. Sympathy is the key idea in Smith's own philosophy but he differs from Hutcheson and Hume's accounts.

When Smith first refers to sympathy he defines it as 'our fellow-feeling with any passion whatever' (*TMS* 10). This, however, is misleadingly simple. For both Hutcheson and Hume sympathy was likened to a sort of contagion or infection. Smith's opening discussion seems similar. He talks of a transfusion of emotions when observers themselves sway in step with the movements of a tight-rope walker. But Smith's analysis is not based on an infectious or direct transfusion of sentiments. He interposes a decisive intermediary. In Smith's account of sympathy imagination plays this mediating role.

All human beings can imagine how they would feel if they were in the situation of another. They proceed on the working assumption that everyone pretty much feels the same way about the same sort of things. To give one of Smith's own examples: if I see someone in distress because they have learnt of the death of their father I can imagine how I would feel if I was the situation of the bereaved. It is the situation or context that is crucial. Smith stresses that 'sympathy' in his technical sense is not based solely on another's exhibited passion (sobbing in grief). If that was the case then it would be a kind of contagion or transfusion. Instead, it is through the intervention of our imagination that we bring 'home to our own breast' the other's sensations or passions (*TMS* 17–18).

This 'bringing home' is no direct replication. There are two reasons why. The emotion that is brought home is generated not only by the exhibited passion (visible distress) but by the total 'situation'. Is it in a public or private space? How recent is knowledge of the death? Also our emotion necessarily takes on a weaker form, it is not my father who has died. Both the contextual setting and the relative lack of intensity come to play an important role in sympathetic interactions.

Smith's next move is critical and what turns his analysis from psychology to moral philosophy. He talks of the interaction between actors and spectators. It is the latter who use their imagination to bring home the contextually or situationally expressed emotions of the former. Once brought home spectators are in a position to assess the actor's emotions. By imagining themselves to be the actors they can judge whether in context the actor has behaved appropriately or, in Smith's terms, with propriety. If so then they approve. To return to Smith example: I approve of the grief exhibited by the newly bereaved within the context of their family and friends. Conversely, without any more knowledge, I would disapprove if someone in that situation showed signs of joy.

This is why the medical metaphor of transfusion or contagion is misleading. Smith notes that spectators can blush for the impudence of the actors even though they are not aware of the crassness of their behaviour. What makes this possible is that humans learn from experience. They learn which situations typically generate what sort of emotions and how those emotions are typically expressed. Hence sadness follows parental death and that is felt more intensely than (say) disappointment that one's orchid has failed to flower. Where is this learnt? For an empiricist like Smith, the only source is from the experience of everyday life in society. This sociality is decisive.

Sociality

Smith likens society to a mirror. He supposes that if someone grew up in isolation then just as they would have no idea of whether they were beautiful or ugly nor would they have any idea as to whether or not they were acting morally. But

> [b]ring him into society and he is immediately provided with the mirror which he wanted before... and all his own passions will immediately become the causes of new passions. He will observe that mankind approve of some of them and are disgusted by others. He will be elevated in the one case, and cast down in the other; his desires and aversions, his joys and sorrows, will now often become the causes of new desires and new aversions, new joys and new sorrows: they will now, therefore, interest him deeply, and often call upon his most attentive consideration. (*TMS* 110)

This is an important passage.

It reveals Smith's account of motivation and his basic empiricist credentials. This can be seen in his use of the words 'passions', 'desires', and 'aversions'. He says unequivocally later in the book that 'pleasure and pain are the great objects of desire and aversion' (*TMS* 320). It is an indisputable fact of human behaviour that humans enjoy pleasure and thus desire it, while conversely they dislike pain and thus strive to avoid it. These emotions are what 'move' us, they are the causes of our actions. Since, according to this passage, we feel 'elevated' when our actions are approved (my poem is praised) it follows that approval is pleasing (I am happy when my poetry is well received). And because pleasure is a motive then, it further follows, that humans desire approval (I want to write poetry that is praised and not dismissed as doggerel).

The importance of this passage also stems from its description of an interactive learning process. To live in society is to take part in a network of communication, to receive and send information about how to behave in different situations. From the messages received from others, I learn that some of my actions are approved, and some disapproved. Since I want to do what pleases and avoid what causes me pain, I am motivated to repeat the former and avoid the latter. In this way I react to the communicative signal sent. I acquire knowledge of what behaviour is condoned or condemned in given situations. This acquisition, in other words, gives us our moral compass.

Morality is inseparable from sociality. This marks one of Smith's clear departures from Hutcheson's moral sense, which operates 'antecedent to instruction'. This was also Hume's view but Smith's account was more thoroughly worked out. For Smith there is no need to invoke a special sense to identify good and evil, since the communicative give-and-take of sentiments engaged in by spectators and actors is sufficient to produce moral judgment.

This communicative interaction is educative; it is the way we all learn how to act as members of a society. But social learning is not like school-learning. It is indirect and is absorbed through exposure to everyday life rather than through a text-book or class-room instruction. In the 18th century the effect produced by this exposure was referred to as 'moral causation'. The use of 'moral' here refers to its etymological origin in the Latin for custom (*mos/morem*). To refer to this as 'causation' signals that character, opinions, and values are formed to a large extent by the social environment. It is not, however, a rigid form of determinism (what was called 'physical causation') as when heat causes the body to sweat.

Smith gives a particularly striking example of moral causation at work in the *Wealth of Nations* but one that he had already used in his Glasgow jurisprudence lectures, which he delivered alongside his moral philosophy class. He compares the 'most dissimilar characters' of a philosopher and a 'common street porter'. This dissimilarity he says derives 'not so much from nature as from habit, custom and education'. Indeed in his university lectures he puts this more emphatically; what in their maturity, 'appears to distinguish men of different professions' is upon many occasions 'not so much the cause as the effect of the division of labour' (*WN* 28–9; *LJ* 348). In Smith's example it is as soon as infants enter employment that they begin to differ as the habits and demands of different occupations take hold. One is not 'born' but 'made' a philosopher (or porter).

Negotiated concord

For Smith, experience tells us that a spectator's emotions are less intense than those of the actor. This fact about human nature is accompanied with another. The actor wishes (because it pleases) the spectator's sympathetic approval. There is, though, from the actor's perspective a gap or shortfall between these two facts. Since the first, different degrees of intensity, is unalterable then it is the second, seeking approval, where the actor's efforts must lie. Smith employs musical metaphors to convey his point.

In order to bring about 'harmony and concord' between their emotions and those of the spectator, and thus achieve the desired approval, actors must lower their passion to that 'pitch' that enables spectators to go along with them (*TMS* 22). To revert again to the earlier example: if the grief at parental death is too demonstrative, full of public cries of anguish and lamentation, then the spectator may judge this excessive and withhold the desired approval. To arrive at the appropriate 'pitch' is to achieve not perfect accord or unison but concord or sufficient agreement to enable peaceable coexistence. This achievement is not automatic but a negotiation; once again, it is the fruit of social learning.

This negotiated pitch is not fixed but will differ between situations. For example, the socially approved public response to grief will differ between Scotland and Syria. There is one difference that is especially important. The extent of the negotiation will depend on the relationship between the actor and spectator. We can express our feelings more openly and fully in the presence of those to whom we are emotionally close. When grieving the death of a parent before other members of the family the pitch can be much higher—the negotiated concord will take less effort.

Smith puts a historical gloss on this. He supposes that in earlier simpler ages, where dealings with family and friends dominate, plenty of sympathy will be forthcoming. Concord will be relatively easy to achieve. The counterpart to this is that more effort is needed to 'tone down' the emotions when in 'an assembly of strangers' (*TMS* 23). Concord in that situation is harder to attain. This is the prevailing situation in a complicated, modern society, what Smith calls a commercial society. The *Wealth of Nations* analyses that type of society but it is also the backdrop to the *Moral Sentiments*. Within commercial societies self-interest looms large.

Self-interest

Smith is clear that Hobbes and Mandeville are wrong. Humans are not exclusively motivated by self-interest. He devoted a whole section of the *Moral Sentiments* to a criticism of what he calls Mandeville's 'licentious system'. Smith's fundamental opposition is announced in the opening sentence of the book,

> How selfish soever a man may be supposed, there are evidently some principles in his nature which interest him in the fortune of others, and render their happiness necessary to him, though he derive nothing from it except the pleasure of seeing it, (*TMS* 9)

Smith is here clearly following Hutcheson's lead. Everything we know about human experience confirms that everyone, just like Aaron, can express a genuine disinterested concern for the happiness of others.

This opening sentence does, however, leave room for other 'principles'. Among these Smith, and other empiricists, include self-love. But this inclusion seemed to create a problem or a weakness. Smith, Hutcheson, and Hume all think that consulting reason cannot tell humans what they should do. For those thinkers who do think reason has that power morality is a matter of objective truth. The relation between murder and wrong is like the ratio of a diameter to a circumference, its truth does not depend on any facts of experience. The Scots reject this argument. Their empiricism means experience is what counts. And because experience is gained via the senses or feelings then they had to locate morality in the subjective realm of sentiments and passions. Murder is wrong because from the evidence of repeated experience it displeases. Yet within that subjective realm, as Hobbes had maintained, self-love was pre-eminent.

Smith, therefore, has to steer a course between rationalism and Hobbes. He can hardly deny the evidence that humans are self-interested, that self-love is a principle of human nature. Indeed his acceptance of it is a crucial element in the *Wealth of Nations*. Smith confronts this head on in the *Moral Sentiments*. Everyone, he declares, whether in a modern commercial society or not, has a 'natural preference... for his own happiness above that of other people' (*TMS* 82). But this is not a fixed or an unalterable fact. It is a weakness of the Hobbesian/Mandevillean view that it cannot take on board the evidence that the communicative signals sent via social interactions restrain selfish behaviour. The effect of the social mirror needs to be taken into account. In his elaboration of this effect Smith introduces another crucial notion.

The impartial spectator and conscience

Another of the facts that Smith attributes to human nature is that everyone wishes 'not only praise but praiseworthiness'. What this means is that humans apply standards to themselves. Of course, we like to be praised, because to be looked upon favourably by others is pleasing (I am elevated or emotionally uplifted by the public success of my poem). But we, also, want to deserve the praise we receive (the poem has not been plagiarized). More than that, we are pleased with having acted in a praiseworthy manner, even if nobody praises us. To capture the fact that we do not rely on actual praise or blame to do what we think we ought to do Smith introduces the notion of an 'impartial and well-informed spectator' (*TMS* 130). We seek to act in such a way that this fictional or imagined figure would approve of our conduct.

This spectator is an internalized standard or benchmark of what is right or wrong. In his description of this standard Smith frequently uses legal terminology but does so with a heavily rhetorical flourish. This spectator is described twice as 'the man within the breast, the great judge and arbiter' (*TMS* 130, 137). It is only by consulting this internal judge that we can evaluate our own actions or apply standards to ourselves.

As an 'inhabitant of the breast' the impartial spectator is explicitly identified by Smith with the principle of conscience. Perhaps I find a bag containing £1,000 but before handing it over to the police (and being publicly praised) I keep £100 for myself secure in the knowledge that no one will find out. But I feel guilty, my conscience tells me I should have returned the entire sum (I would then have been worthy of the praise). I judge myself by viewing my actions from the perspective of the impartial spectator, who being well informed knows my situation as well as whether my motives are self-serving.

Why should I pay any attention to that judgment? Smith's rhetoric suggests it binds me because it possesses some 'higher' authority. He refers three times to conscience as a 'demi-God within the breast' (*TMS* 131, 245, 247). He also refers to 'the all-wise Author of Nature' who created man as his 'vice-regent upon earth to superintend the behaviour of his brethren' (*TMS* 130). However, despite that Divine provision this superintendence, provided by what Smith calls 'the man without' (who praises or blames), gives way to the higher tribunal of conscience or 'the man within' (who assesses praiseworthiness or blameworthiness). Smith heavily amended these passages in the final edition and his own theological views are hard to determine.

On this question—to which there is no clear-cut answer—much hinges on how rhetorical these passages are taken to be. Are they merely literary or stylistic devices to make his argument seem familiar or persuasive to his readers, who are accustomed to seeing conscience as the word of God? Or, alternatively, are they to be taken at their face value as an expression of Smith's own beliefs? A similar ambivalence is raised by another passage. A few pages earlier Smith had referred to 'the all-seeing Judge of the world'. The context here is his observation that 'our' happiness in this life is often dependent on the 'humble hope and expectation of a life to come'. This hope he declares is 'deeply rooted in human nature' (*TMS* 131–2). This can be read as a neutral description, as a psychological fact. Smith himself observes that every religion (and superstition) provides support and comfort as well as a promise of reward and punishment in another life. It can also be read another way. The very depth of these roots means they are part of God's Design, humans were created with a soul and a belief in the afterlife.

But theological language does not monopolize Smith's discussion of conscience. On several occasions he refers to its authority as the effect of 'habit and experience' (*TMS* 135). To say it is habitual is to say it is a product of moral causation or is a learnt resource. From this perspective conscience has a social origin. This source and the recurrent references to learned experience once again sharply distinguish his account from Hutcheson. They also help to explain, or throw light on, the status of the impartial spectator.

This spectator is a product of the imagination. It reflects human powers and judgment not superhuman ones. The spectator is impartial not omnipotent. Moreover, human reflection upon experience is not fixed but changes as experience itself changes.

Even in one of passages where he invokes the 'great demigod', Smith refers to 'its' judgments as 'slow, gradual and progressive' (*TMS* 247). In that case, the inference is that they are not eternal or timeless moral commands like those entrusted to Moses.

This is consistent with Smith's recognition of historical change. In earlier ages what mattered was public standing. In later times what matters is conscience. Compare the cases of Achilles and Thomas More. The former was openly shamed by King Agamemnon taking his favourite slave. The latter would not compromise his principles to follow King Henry VIII's command. More followed his conscience, the 'man within'. Achilles left the battlefield because he had been humiliated before the 'man without'. Adopting the language of anthropologists, Smith has charted a shift from cultures where 'shame' is the source of moral discipline to cultures where guilt or conscience performs that role.

Relativism and moral judgment

The emphasis upon morality as something learnt seems to create another problem. It appears to equate ethical behaviour with social conformity; I approve what is customarily done in my own society. One solution to this apparent problem is provided by the impartial spectator. Not only can this figure be used by individuals to assess their own conduct, it can also be used to pass judgment on social institutions and policies.

Smith claims that everyone from observing both their own conduct and that of others can gradually form an idea of 'exact propriety and perfection' (*TMS* 247). In other words, we are all, though to varying degrees, able to establish an ideal or benchmark. This benchmark, in principle, enables us to assess whether our society is living up to its own standards and the extent, if any, to which current institutions or behaviours fall short. For example, Martin Luther King's 'I have a dream' speech in 1963 that everyone in the United States will be free one day is so powerful because, in the self-proclaimed 'land of the free', it juxtaposes that dream to the reality of the unfreedom of some.

Smith himself criticizes the court of the French king, Louis XIV. Louis' courtiers praise his limited talents and consequently cause the deprecation of the praiseworthy qualities or virtues of 'knowledge, industry, valour and beneficence'. This same scope for criticism could be applied closer to home. Smith is critical of several aspects of his own society. In practice, contemporary British politicians, he judged, instead of acting in the general interest, tend to favour special interests, like those of merchants who want to restrict trade. Again, in Book V of the *Wealth of Nations*, he expresses concern about the well-being in a civilized society of those who do repetitive, unstimulating (mind-numbing) work.

However, the initial problem seems to remain, it has only been pushed further down the road. The benchmark against which policies are judged appears to apply only within each society, each with its own standards. The impartial spectator is effectively an internalization of particular or local social experience. Smith appears to recognize this. He openly admits that what counts as virtuous conduct differs between 'rude and barbarous nations' and 'civilized nations' (*TMS* 205). But he does not accept that this confines all moral judgments to local circumstances, making morality socially specific or relative. On the contrary, he believes there are universal standards. For him, the moral sentiments of approval and disapproval have a solid foundation. They are founded on the 'strongest and most vigorous passions of human nature' (*TMS* 200). He allows that these passions may be warped or distorted but denies they can be completely overturned. Human passions provide a universal bedrock, on the basis of which universally valid judgments can be made. Regardless of time or place, no matter what the local circumstances, humans act and judge the same way on the same principles. There is a uniformity and constancy in human nature. Pleasure pleases and is pursued, pain is avoided. It is on that stable basis that Smith thinks it possible to establish a 'science of human nature' (*TMS* 319).

As an example of universal standards in operation he cites the practice of infanticide. There is evidence that in the earliest period of society infanticide was commonplace. Echoing the language of the 'Astronomy', Smith refers to 'we' not being in a state of 'wonder' or 'surprise' about this. The 'we' in question are the scientists of human nature (or social scientists) who, armed with the notion of moral causation, are able to explain both primitive infanticide and its persistence. In what he describes as the 'rudest and lowest state of society' humans live precariously, because resources are few and precious (*TMS* 210). Human nature being what it is (a scientific fact) in a condition of 'extreme indigence' an infant would be abandoned in order that the adult might live.

But though infanticide is in this way explicable, this does not make Smith a moral or social relativist. He does not subscribe to the view that to explain all is to pardon all. He acknowledges that infanticide in rude societies is more excusable than its occurrence 'among the polite and civilized Athenians'. In this latter case, where daily life is not so desperate, infanticide was inexcusable. Smith is adamant that just because something is commonly done does not exempt it from external criticism, when the practice itself is 'unjust and unreasonable'. According to Smith the Athenian practice of leaving their infants to perish in the wild was the inertial effect of habit. This is another case of moral causation. It was the Athenians' habitual acceptance of the practice that blinded them to this 'horrible abuse' (*TMS* 210). So powerful is this inertia, Smith implies, that even the most acute minds of the time, such as Plato and Aristotle, accepted it as normal. Infanticide is not an isolated case. The same argument applies to superstitions, slavery, and torture. Moral sentiments are ultimately rooted in some constants of human life. Although societies differ, and so moral judgments will also be subject to variation, this does not mean that all societies are morally equal. Smith is here reflecting a common Enlightenment position. Societies rife with superstition, suffering from mistaken beliefs, or pursuing self-destructive policies are all in their different ways ignorantly benighted and inferior to those where the light of knowledge shines. It is central to the agenda of the *Wealth of Nations* to demonstrate that this is the case.

Chapter 4
Living virtuously

Does someone deserve to be praised or punished? Can one individual merit owning more resources than another? Can blame be rightly attached to unintended actions? These are examples of moral questions that arise in everyday life. The *Moral Sentiments*, as the sub-title added to the third edition states, is an 'analysis of the principles' that govern or underlie judgments of human conduct and character. In line with that intent Smith needs to investigate the principles implicit in these types of questions, along with their answers. In his analysis he continues to use his account of sympathy.

Now the focus is not initially on the actor but on the recipient, or the 'object', of the action. If someone is the object of generosity from another, then we sympathize with the joy of the recipient and 'go along with' the gratitude to the benefactor. But if the gratitude is absent or grudging then the spectator will not sympathize with the recipient. Similarly, the spectator will sympathize with the distress of a victim of a burglary and also with the victim's appropriate feeling of anger and resentment toward the burglar. In the same way that feeling grateful is the natural response to an act of generosity, so feeling resentful is the natural response to an act of ill-treatment or injustice. The sentiment of resentment lies at the root of Smith's account of justice.

Justice

By locating the source of justice in the natural human sentiment of resentment, Smith differs from Hume. For Hume justice was not 'natural' in Smith's sense but a social practice or convention that was developed because it was useful. Justice had utility. It stabilized social arrangements, especially those regarding property (burglary destabilizes). Smith for his part is also emphatic that justice is important. It performs the necessary job of underpinning social order. However, he denies that this utility is the initial source of justice. According to Smith we sympathize with Betty whose flat has been burgled; she is the victim of an unjust act. It is the specific suffering of Betty that first concerns or animates us. This animation is generated without us paying any 'regard to the preservation of society' (*TMS* 89). Unlike Hume who put utility upfront, Smith thinks this is a subsequent development. On Smith's reading of human nature, humans 'delight' in seeing the unjust (Betty's burglar) punished. This delight is simply an effusive expression of the basic human disposition to resent injustice. Smith speculates that the sense of resentment appears to be rooted in our natural need to defend ourselves or to retaliate when harmed. What makes this an appropriate response is that the retaliation would get the approval of the 'impartial spectator'. Here lies the initial source of the virtue of justice.

The impartial spectator's approval is, however, conditional. It would be withheld if, for example, the impetus to retaliate was excessive and, if consequently, it started a cycle of violence and thus did more harm than good. This is where Smith gives reason its proper role. It formulates 'general maxims' (*TMS* 319). These are based on experience. They are derived from the evidence that human behaviour is not haphazard; there are recurrent or constant connections. For example, private vendettas or blood feuds should not be allowed to develop because they damage social cohesion. In formulating these maxims, reason is the source of 'the general rules of morality' (*TMS* 320). This links to justice because it consists in following rules.

Humans act justly by adhering to known rules and act unjustly by breaking them. Justice requires forbearance, not hurting another. It is, Smith says, a negative virtue. From this it consistently follows that 'we may often fulfil all the rules of justice by sitting still and doing nothing'. Smith admits this passive behaviour is not especially merit-worthy but that in no way detracts from its cardinal importance. Justice is indispensable. In another of his rhetorical set pieces, justice is the 'main pillar that upholds the whole edifice' so that if it was removed then human society would 'crumble into atoms' (*TMS* 86).

This holds in hard cases. A sentinel who falls asleep on his or her watch is justly executed for breaking the 'laws of war' even though the natural resentment felt at the offence would not by itself generate so severe a punishment. Although justice is necessary to all forms of society Smith thinks its rules are capable of improvement. He concludes the *Moral Sentiments* by contrasting the circumstances of early societies, where the system of justice is irregular (think of vendettas) with those in a 'more civilized nations', where the 'natural sentiments of justice' arrive at 'accuracy and precision' (*TMS* 341).

Those last two attributes are key elements. In their accuracy and precision the rules of justice are predictable or strict; either an action is legal or it is not and punishment reliably not randomly follows any infringement. These rules are not set in tablets of stone nor are they discovered by the intellect alone. They are, rather, the product of 'discipline, education, and example' (*TMS* 163). This is another way of saying that we are socialized into behaving justly. Thanks to this shared learning experience pretty much everyone can live decent, blameless lives. Social living does not require the extraordinary or super-human qualities possessed by saints or heroes. Individuals are able to live more or less peaceably together because they have been brought up to share a sense of justice. This sentimental agreement is a source of trust. It instils a mutual confidence that others can be relied upon. They will pay their debts, keep their promises, play their part in joint enterprises, and so on.

This confidence lays down the preconditions for a successful modern commercial society. A commercial society rests upon reliability. Its members need to be certain that obligations will be met, that contracts will be adhered to, and that transgressors will be punished. If the rules of justice are not strict, but variable, then this certainty is compromised. Without certainty and mutual confidence in the behaviour of others the division of labour, trade, and markets would not be viable. This is a crucial argument in the *Wealth of Nations*. In the *Moral Sentiments* Smith's example of the indispensability of justice is a society of merchants. He chose this example quite deliberately to identify a society where 'mutual love and affection' are absent (*TMS* 86). Those sentiments are not essential since buyers and sellers can coexist without any emotional attachments between them. Internet shopping illustrates the point.

Smith concedes that this society where love is absent is not very appealing. It will, however, be rule-abiding. By keeping the rules its members are acting justly, they will at a minimum follow the injunction 'not to injure another'. This forbearance is the mark of a 'perfectly innocent and just man' (*TMS* 218). It is not, however, the sole attribute. Smith additionally claims that this individual, in fact, will do more than merely follow the rules of justice, he will also revere them. Nor is this reverence an isolated trait. Smith believes it will be accompanied with many other virtues, like humanity and benevolence.

Benevolence

Despite these accompaniments, it remains the case that the indispensability of justice means that benevolence (generosity, charity, gratitude, etc.) is less essential to the existence of society than justice. There is nothing startling here. It was a commonplace feature of the jurisprudence that Smith taught. In that context a distinction was drawn between imperfect and perfect duties. Benevolence is an example of an imperfect duty, justice of a perfect duty. The significance of this distinction is that while you cannot be forced by law to be grateful or generous or kind or polite, you will be punished for burglary.

To act justly is negative. To act benevolently is positive, it is to do something. Benevolent actions are typically directed at those known personally to us. They reflect what Smith calls 'habitual sympathy' developed by the relatively permanent interactions within the family and between friends, co-workers, and fellow citizens (*TMS* 219). In those particular or localized arenas it is possible to do good deeds, but universal benevolence is not practical. In practice benevolence is exercised at our discretion and in a necessarily partial fashion. I will happily let my friend stay in my flat without any charge but would be reluctant to offer the same hospitality to a stranger.

By contrast, justice is not discretionary and is impartial. Our transactions with butchers (say) is payment for sausages; we do not in the normal course of events appeal to their benevolence or humanity but rather, says Smith in the *Wealth of Nations*, to their 'self-love' (*WN* 27). This, of course, is not to say that the butcher cannot be benevolent, she may give a beggar some sausages but that is at her discretion, whereas handing over the correct quantity of sausages for the correct payment is not.

By emphasizing the strict regularity of justice Smith is restricting its scope. This restriction has, he believes, an advantage over two other more expansive views or arguments. For Smith the advantage of his restricted view is that it more reliably achieves the key qualities of greater precision and certainty than the other two.

According to the first of these, justice encompasses all the virtues, so it is equally unjust not to admire a work of art as it is to neglect one's own welfare. This view is so expansive that it lacks any precision. According to the second argument we treat unjustly someone who deserves our charity or gratitude but we withhold it. From Smith's perspective, this view is still liable to introduce uncertainty. Perhaps Colin thinks it is just that public resources should go to providing for the homeless, but Yvonne thinks it is just that these resources should go to cancer patients. Though they disagree yet they are both using the language of justice to promote their choice. This makes an appeal to justice indeterminate and open to debate. However, both Colin and Yvonne will agree that it is just that burglars are punished. Justice here is not a matter for debate.

An efficient economy, Smith will argue in the *Wealth of Nations*, requires agreement, the confidence that burglars are punished. The uncertainty that comes from not knowing whether cancer treatment or affordable homes will be supported makes it more difficult to plan ahead. Should limited funds be committed to drug research or to bricks and mortar?

The 'invisible hand'

From the 20th century onwards, whether the homeless or cancer patients should get public resources is seen as a question of 'social' or 'distributive' justice. The underlying principle is that distribution should aim to achieve a 'fair' society. As a matter of social justice, buying a house should be affordable to those on low incomes and this can be made possible by justly redistributing some resources from those on high incomes. Smith does not in that sense have a theory of distributive justice but that absence does not make him exceptional in his own time.

What is more distinctive, without being unique, is that he thinks a deliberate policy to redistribute resources is not necessarily the best way to achieve the goal of greater material prosperity to the benefit of all. Smith's use of the metaphor of the 'invisible hand' illustrates this. He employs this metaphor three times. In the 'History of Astronomy' it refers to the actions of the gods. In the *Wealth of Nations* it refers to investment decisions, though he says there it applies in 'many other cases' (*WN* 456).

The third location is in the *Moral Sentiments*, where the metaphor crops up in the course of a complicated, knotty argument that needs unravelling. Humans, he declares, are motivated to strive or be industrious because they imagine themselves enjoying the 'pleasures of wealth and greatness'. The work and toil required to obtain this imagined state of happiness looks like a price worth paying. However, Smith describes this as a 'deception'. Unlike the neutral or descriptive role given to imagination in the theory of sympathy it now seems to characterize what is fanciful or wishful. In the context of this discussion the 'imagined' looks like the inferior opposite of what is 'real'. All this toil does not produce 'real happiness' or 'real satisfaction'. In reality, happiness is found in 'ease of body and peace of mind' and these are not the prerogative of the rich, even beggars can enjoy them. The 'baubles and trinkets' with which the rich surround themselves do not make their owners 'happy'.

The claim that mental tranquillity is the key to happiness has a long history. It is a central tenet of Stoicism and this philosophical outlook, originating in Greece and developed by the Romans, had many adherents in Smith's time. Smith, like all other 18th-century scholars, was familiar with this philosophy. According to the Stoics and their followers, we should only value what is under our control (such as peace of mind) and not invest value in riches or power which, because they can be lost or taken away, are outside our control. But Smith is no Stoic. He rejects this stark contrast between, on the one hand, rational self-control and living austerely and, on the other, enjoyment of material possessions and living in comfort.

This rejection follows from Smith's judgment that the deception has positive effects. The imagined, pleasurable lifestyle of the rich does indeed incentivize. The toil and industry thus stimulated has led to improvements in human life. The material conditions and moral circumstances of human life have been transformed. To depict this transformation, Smith indulges in another of his rhetorical set pieces. By means of this deception:

> Mankind... was first prompted to cultivate the ground, to build houses, to found cities and commonwealths, and to invent and improve all the sciences and arts, which ennoble and embellish human life; which have entirely changed the whole face of the globe, have turned the rude forest of nature into agreeable and fertile plains, and made the trackless and barren ocean a new fund of subsistence and the great high road of communication to the different nations of the earth. (*TMS* 183–4)

The implication is clear. If Stoic precepts had been adhered to and humankind confined themselves to supposedly 'real' satisfactions, then human life would have been crude and impoverished. For Smith there is nothing noble or commendable about poverty. It was because of their extreme indigence that savages felt compelled to let their children die. Underlining the key point, he later calls the cultivation of land together with the advancement of manufactures and increase of commerce, 'real' improvements that have benefited humankind and he reiterates the judgment that they have 'ennobled' human nature (*TMS* 229).

The *Wealth of Nations* tells the full story of this positive transformation—the move from miserable poverty to universal opulence—but the distributive aspect of these improvements is raised in the *Moral Sentiments*. The rich give employment to those who 'fit up' their palaces. They do not employ people out of a sense justice or compassion but because they desire those baubles and trinkets (Smith has no qualms about calling these desires 'vain and insatiable'). It is by pursuing their desires that the rich unintentionally advance the broader interest of society. And now (at last) Smith employs the metaphor: the rich 'are led by an invisible hand' to distribute 'necessaries of life' and this is as effective as an intended or deliberate distribution (*TMS* 184). With the growth and diffusion of opulence, these 'necessaries' can include housing and medicines.

Smith is now consistently able to argue that making distribution a direct or intentional object of justice is not necessary; his strict view can produce the same outcome. Of course, a number of background social conditions are needed for this to happen and these are identified and discussed in the *Wealth of Nations*. In the discussion of the invisible hand in the *Moral Sentiments* theological language briefly re-appears. The division on earth between the few 'lordly masters' and the many is the work of Providence (*TMS* 185).

But that is not the whole story. Providence has not abandoned the many because (thanks to the invisible hand) they get their share of goods produced. This is in line with a contemporary commonplace. Humans, with their limited understanding, should have faith that God in His wisdom has ordained an ultimately beneficial outcome. Smith, however, does not elaborate. He cites no biblical texts or commentaries neither here nor, some allusions aside, anywhere else in the book. That silence helps reinforce his analytical aim in the *Moral Sentiments*. But this is not all he has to say about the relation between the rich and the poor.

Ranks and corruption

How the rich and the poor relate to each other is another example of sympathy in action. Humans sympathize more with joy than sorrow. The reason Smith gives for this is that the depth and intensity of grief is more difficult to go along with than the delight expressed by the happy. He uses this to explain the observable social fact that the rich parade their wealth while the poor hide their poverty. As social creatures, humans get pleasure from the approval of others. This is principally why the rich value their wealth. It is less for the greater creature comforts that they can buy and more for the esteem or prestige their wealth attracts. They desire the admiration of others above their own personal enjoyment of their baubles.

This has direct social consequences. The desire to be admired lies behind a phrase that Smith employs both in the *Moral Sentiments* and several times in the *Wealth of Nations*. We all want 'to better our condition' (*TMS* 50; *WN* 99, 341, 343). We all want to be admired and the surest way to get that wish fulfilled is to be rich. In consequence, we work to improve our material circumstances and, in so doing, put ourselves into a position to receive admiration. This wish to be an object of admiration is a description of the way the (Smithian) world is, the evidence is that humans clearly do 'go along with the passions of the rich and powerful'. Smith's explanation for this fact is that it is a 'disposition of mankind' (*TMS* 52). People are disposed to admire others without expecting any benefit to come their way as a consequence.

It is this disposition, Smith now argues, that lies at the root of rank distinctions. The language of 'social class' had not yet been established. This fits the facts as Smith sees them. But this is also one of the places where he most openly deviates from his analytical or descriptive approach. In the expanded sixth edition, he inserts a new chapter directly after the one that discusses ranks. The title of this extra chapter is indicative: 'Of the corruption of our moral sentiments, which is occasioned by this disposition to admire the rich and the great, and to despise or neglect persons of poor and mean condition'. In this new chapter he still continues to assert the necessity of rank distinctions and, with them, social order. Indeed in another addition he re-affirms the place of ranks and emphasizes that the 'peace and order of society' is more important than 'the relief of the miserable' (*TMS* 226).

Yet even in this second passage Smith is judgmental. The rich and great are 'too often' preferred to the wise and virtuous. This contrast between the rich and the virtuous is the running theme in the added chapter. Both are subject to emulation. But those who want to emulate the wise and virtuous are, Smith laments, merely a select few. In contrast 'the great mob of mankind' are the 'worshippers' of wealth and greatness (*TMS* 62).

Although his choice of words reveals his own judgment he does not moralize; he does not seek to chastise or openly advocate a change in sentiments. Once again, he acknowledges experience. The evidence is that even when of equal merit most people will, in practice, respect the rich and the great more than the poor and humble. The evidence must be respected and moralistic hand-wringing will not change the facts.

In this chapter Smith goes on to introduce the circumstances and virtues of those in the 'middling and inferior stations of life'. He contrasts these individuals with those in 'superior stations'. He refers to a young nobleman whose chief aim is to cut a dash on the dance-floor and who is horrified at the possibility of having to exercise the virtues of knowledge, industry, patience, or self-denial. But these same virtues are those that the middle and inferior ranks possess. It is through their own efforts and abilities that they have bettered their condition and made their way in the world. With more than a hint of complacency, Smith endorses this meritocratic picture by remarking that in those ranks ability is generally rewarded with commensurate success—in most cases virtue and fortune happily coincide.

Without Smith openly saying so, this happy situation describes a commercial society and not one where the nobility sets the moral tone. This interpretation is backed up in the *Wealth of Nations* where he says of post-Union Scotland that 'the middling and inferior ranks' have escaped from the previously oppressive power of the aristocracy. These same passages also reveal that there is more to Smith's discussion of virtue than an analysis of justice and benevolence.

Prudence and other virtues

From the beginnings of Western moral philosophy in the teachings of Socrates, four 'cardinal' virtues were identified. The quartet comprised prudence, temperance, courage, and justice. Of all the virtues Smith declares that prudence is the one most useful to us. To be prudent is to pay attention to one's health, fortune, rank, and reputation. The impartial spectator approves of prudent conduct because it shows a willingness to sacrifice present advantage (e.g. spending my money now on a scooter) for greater return later (e.g. saving my money to buy a car). Although prudence, like justice, is not the 'most ennobling of virtues' it too fits the circumstances of a commercial society (*TMS* 216). In that society, the disposition or virtue of the prudent is to get on with their own affairs. They are not disposed to make waves or get involved in public service, let alone seek glory.

Prudence, like justice, is in this way especially suitable for life in a society where, as he puts in the *Wealth of Nations*, everyone is 'in some measure a merchant' (*WN* 37). The same can be said of the virtue of temperance, also called moderation or self-command. But commercial society recalibrates it. Compared to the more forgiving environment of family and friends, where sympathetic concord requires less negotiation, in the relatively anonymous setting of the market-place more effort is needed to negotiate the harmony or concord between actors and spectators. This extra effort has the effect of strengthening the character. In other words, the actor in a modern, commercial society exercises more moderation and exhibits more consistently the virtue of self-command than is possible in more tribal or clannish times. Feckless or reckless behaviour is more likely to be forgiven or tolerated among friends and family than it is from a 'faceless' institution like a bank, especially if you want to secure a loan.

Interacting with strangers instils self-discipline. Exuberant behaviour in the bar among friends would be out of place on public transport.

Smith refers to these effects of commercial living as 'gentler' exertions of self-command. You don't have to live an utterly joyless life to get a bank loan, just act with appropriate self-restraint. These milder exertions give 'lustre' to the distinctively commercial virtues of industry and frugality (*TMS* 242). Smith rebukes those who would disparage these virtues in favour of a harder or more severe regime. Again he has the Stoics in his sights. In addition he targets those he labels 'whining and melancholy moralists'. These moralists judge it wrong (impious even) to experience 'the natural joy of prosperity' when so many others are suffering from poverty and disease (*TMS* 139). One of the main arguments in the *Wealth of Nations* is to dispel that melancholic picture. In a properly organized commercial society the joy of prosperity is not confined to the wealthy, the poor too can have their share of enjoyment.

The link made by Smith between the commercial virtues and gentle self-command also connects to courage, the fourth cardinal virtue. Whereas the other three fit or are adaptable to commercial society, the same cannot be easily said of courage. It is out of step with modern life. In commercial society it is replaced with another more appropriate virtue. In Greek (*andreia*) and Latin (*virtus*), the words for courage and virtue have the same root as the word for male (*aner-andra/vir*). Literally to be brave (virile) was to act like a man. Gentleness, by contrast, was a feminine attribute. Smith does not question that being in command of one's fears is a virtue but he effectively replaces it with the virtue of 'humanity', which he defines as 'the virtue of a woman' (*TMS* 190).

Smith ties the expression of humane sentiments to a heightened sensitivity to the feelings of others. Humanity is a 'soft' virtue. Its presence in commercial society reflects social and moral development. There is a shift from hard to soft. The infanticide practised by 'savages' is a case in point but that is not an isolated example. Savage societies value, for example, the ability to resist torture but, according to Smith, this hardiness diminishes their humanity. Being able to withstand the pain of torture is not an exemplary demonstration of the virtues of self-command or courage. Nor is the Stoic indifference to bodily afflictions (retaining peace of mind even though in chains) any more commendable.

Even when Smith allows that command of fear and anger (as exhibited on the battlefield by the valiant or courageous) is 'great and noble' he qualifies it (*TMS* 241). He points out that when not at the service of justice and benevolence this attribute can be used to further injustice (great warriors like Genghis Khan slaughtered and enslaved entire populations). In contrast, the 'gentler exertions' of self-command rarely lead to bad consequences. Nor are these exertions to be judged inferior. The reverse is the case; it is in peaceable, civilized societies that these exertions have their home and correspondingly it is in those societies that both humanity and self-command are to be found. More than that, they are found to the highest degree.

This downplaying of courage relative to humanity, as hard gives way to soft, has another dimension. The savage is prone to 'falsehood and dissimulation' and the injustice to which valiant warriors are prone can also take the form of deceit (as when the wooden horse left by the Greeks was used to infiltrate Troy). In sharp contrast, a 'polished people' acquire habits that make them 'frank, open and sincere' (*TMS* 208). In his Glasgow lectures, Smith observed that probity and punctuality are 'the principal virtues of a commercial nation' (*LJ* 539). In line with the negotiated concord that lies at the heart of Smith's moral theory these principal virtues will reinforce each other. Honesty begets honesty: be trustworthy and you will be trusted. The outcome is regular conduct, mutual reliability, and confidence in the actions of others, which is precisely the hallmark of modern society.

It is a central plank in Smith's overall philosophy that individuals (merchants 'in some sense') in a commercial society are, in general terms, able to act justly, prudently, and benevolently. There is no divergence between the 'moral' and 'economic' aspects of his thought. The so-called 'Adam Smith Problem', first raised in the 19th century, according to which the role of 'sympathy' of the *Moral Sentiments* was at odds with the role of self-interest in the *Wealth of Nations* rests on a misreading of both texts. Smith's views on justice, prudence, and the 'joy of prosperity' developed in the *Moral Sentiments* are an integral part of the *Wealth of Nations*.

Chapter 5
Making and working

The *Wealth of Nations* is a big book. The definitive Glasgow edition has two volumes with over 900 pages in total. It was a long time in the making. Published in 1776 its roots can with certainty be traced back to Smith's lectures at Glasgow University in the 1750s. His thinking was subsequently shaped by his time in France, where he met several thinkers working on related themes. He also received practical information from merchants in Glasgow and landowners in Scotland. Thanks to the generous pension from the family of the Duke of Buccleuch, he was able on his return from France to focus on composing the book. This took several years which were largely spent with his mother in Kirkcaldy.

The *Wealth of Nations* is the most famous book in the history of economics because it was 'the father of modern economic thinking'. Its fame rests on it being the first systematic analysis of what Smith called 'commercial society' (the term 'capitalism' is a later coinage). There were plenty of other books before Smith's that discussed the subjects he would cover. Many of these were pamphlets or books written to argue a particular case, such as a defence of trading companies like the East India Company or to support the balance of trade and the interests of merchants. There were others which, like the *Wealth of Nations*, did develop a general and more theoretical approach, and scholars have traced Smith's indebtedness to some of these. Smith himself is sparing in his references to other works (he makes an exception in referring to the work of Hume), but it is fair to say that none of these discussions had the range or depth of Smith's book. Hume wrote suggestive essays and Richard Cantillon, perhaps his most analytically sophisticated predecessor, unlike Smith, did not situate his analysis in a broad historical and social context.

The organization of the *Wealth of Nations*

Although systematic the book is complicated. It contains a number of what Smith explicitly calls 'digressions'. One of these (on the value of silver) runs to seventy pages. The book also addresses some immediate contemporary issues, most notably the increasingly fraught relation ship between Britain and the American colonies. The *Wealth of Nations* comprises five books, divided into chapters, some of which are then sub-divided into parts. There is a very brief Introduction. This brevity is helpful because it highlights what Smith himself judged to be key points.

Book I discusses the role and extent of the division of labour (what he calls in the Introduction, the productive powers of labour) and how the products of labour are distributed among the different sectors or ranks of society. In his summary of this book, Smith makes a point of contrasting the dire conditions of life in 'savage nations' with those in 'civilized and thriving nations' (*WN* 10). That contrast is a key theme that runs throughout the *Wealth of Nations*. It lies at the heart of his conviction that a commercial society is superior to earlier forms of social life.

Book II examines 'stock' or capital. It discusses how stock is accumulated and the different ways it is put to use. In the course of this discussion Smith distinguishes between unproductive and productive or useful labour. This is not a moral distinction, implying that the latter is better than the former. On his own criterion Smith himself as a professor or author is unproductive. Unlike the manufacturer (e.g. a pin-maker) who makes an enduring product from given materials (pins from metal) and thus creates capital that can be re-invested to promote economic growth (to make more—and better—pins), the author of the *Wealth of Nations* produces or generates nothing that is similarly 'productive'.

Book III reproduces more obviously the content of some of his Glasgow lectures. Its focus is more historical. It outlines how the feudal system of land tenure and the social and political power that ownership gave to the landowners was gradually replaced by a commercial society. This replacement illustrates a procession of unintended consequences, a central thread in the *Wealth of Nations* and throughout Smith's work.

Book IV is largely polemical. Smith takes aim at what he sees as the chief rival to the account he is providing. He calls this rival the mercantile system. This system aimed to regulate the economy on the principle that exports should be increased but imports restricted. The wealth of a nation consisted in a monetary surplus and benefited producers not consumers. But for Smith the wealth of nations lies in the productivity of labour and the better living standards that generates; an outcome that is best achieved by free trade. One of the reasons why the *Wealth of Nations* is such a big book is that Smith is not dogmatic. His reasoning is nuanced and his arguments frequently qualified, so his defence of free trade, for example, allows for exceptions.

Book V is the longest. It focuses on sources of revenue and expense. The latter of these deals with the maintenance of socially necessary tasks, like government and education, but which are unproductive in Smith's technical sense. The former examines how these tasks are to be funded or what are effective means to raise income from tax. This leads to the last topic. Revenue can also be gained by government borrowing or incurring public debt but, as he points out, it is an unintended consequence of this method that it can make matters worse.

Stages and the pre-history of a commercial society

As an educated man in the 18th century Smith had been schooled in the classics of Greek and Roman literature. He also got information from the reports of missionaries and voyagers on societies in the Americas, Asia, and more recently Polynesia that are very different to his own. There were, however, similarities between the accounts of the Iroquois provided by Father Lafitau in the early 18th century and of the German tribes provided by the 1st-century CE historian Tacitus (both writers are cited by Smith). But 18th-century Hesse is very different from the settlement of the Batavi in that location, while in Smith's time Glasgow was not that dissimilar to Antwerp. From this stock of knowledge two conclusions were drawn. Commercial society was only one type of society and it was modern. This enabled Smith, and other Enlightenment thinkers, especially his fellow Scots, to differentiate societies historically. Some forms of social life could be understood as more advanced than others.

In his lectures on jurisprudence delivered in Glasgow, Smith identified four types of society in a rough historical sequence, developing through hunter, shepherd, agricultural, and commercial stages. His context was the development of property rights. This notion of stages was a teaching tool. It was a way of bringing out to his students how differing social situations generate different forms of ownership and different modes of regulation. The first three of these four types all revolve around the dominant mode of subsistence and were identified by many other writers. It is Smith's explicit reference to a 'commercial society' that is distinctive and Smith here is a pioneer. The *Wealth of Nations* is the systematic investigation of this society. Although the 'four stages' does not figure prominently in the book the fact that he sees commercial society as a historically distinctive type remains an important backdrop.

In the second of the four stages the leaders are those who own the greatest herds and similarly in the third agricultural stage power lies with the owners of land. Smith is very clear that the power held by the owners is exercised by them to protect their own interests. In his Glasgow lectures he is blunt: government in those stages is not neutral because in practice it is 'a combination of the rich to oppress the poor' (*LJ* 208). This bias, however, does not apply in the age of commerce. In that age, governance is subject to the impersonal rule of law and not the personal (despotic) rule of khans or feudal lords. He also made this point in the 1790 edition of the *Theory of Moral Sentiments*, where he writes that 'in commercial countries' the 'authority of the law is sufficient to protect the meanest [i.e. poorest] man in the state' (*TMS* 223).

The feudal lords were masters of their own local territory. They settled disputes, enforced discipline, and commanded their tenants to fight on their behalf. They could do this because they owned the land on which those they commanded depend for their livelihood. The tenants could only grow and retain for themselves some of the crops if they did the lord's bidding. However, this changed when foreign commerce introduced luxury goods. To obtain what Smith deliberately calls frivolous and useless goods (he mentions diamond buckles) the lords sold off their land or granted long leases. The effect of this was to undermine their power to command and their ability to act as judges because those who had been previously dependent became independent. As Smith vividly depicts this transition, it was 'for the gratification of the most childish, the meanest and the most sordid of all vanities' that these landlords gradually bartered away their whole power and authority (*WN* 419).

Smith calls this change a 'revolution of the greatest importance to the publick happiness' (*WN* 422). But it was not brought about with the deliberate aim to further the public good but was, rather, an example of unintended consequences. Everyone involved was out to get something for themselves. The landlords wanted the buckles for their own enjoyment and the merchants who supplied the buckles did so to make a living from retail and those tenants who stayed on the land (rather than moving into towns to trade) did so because they could then reap for themselves the full benefits of their labours.

This revolution was important because it made possible the 'regular administration of justice'. No longer was there a patchwork of local jurisdictions but the emergence (gradually) of a uniform system of law. The establishment of that uniformity is crucial; without it a commercial society is not possible. The *Wealth of Nations* is a scientific enquiry into the nature and causes (as the full title of the book states) of that society. Yet unlike most present-day economics, Smith's enquiry is sensitive to the fact that the subject of his analysis is a product of history.

The division of labour

For Smith a developed commercial society enjoys a 'universal opulence which extends itself to the lowest ranks of the people' (*WN* 22). It is the breadth of this opulence, by which Smith means not just riches or wealth but purchasing power, that is significant. Other societies have been opulent but this opulence was confined to their upper classes. It is a distinctive mark of commercial societies that the lower ranks are able not only to meet their basic needs but also able to enjoy a better quality of life. In a pointed conclusion to the book's opening chapter, Smith declares the quality of the accommodation of these ranks exceeds that of 'many an African king' (*WN* 24). Moreover, in a commercial society there are sufficient resources to care for the vulnerable—infanticide is no longer a decision imposed by extreme poverty. A central task of the *Wealth of Nations* is to explain this shift, to provide an account of economic growth or development that, in doing so, also accounts for the increase in well-being, or welfare, both socially and individually.

This diffused opulence does not occur in a social vacuum, it is only possible in a 'well-governed society'. The *Wealth of Nations* is not simply a work of economic analysis it is also a work that provides a political philosophy. This twin feature is neatly captured in a phrase from his Glasgow lectures when he tells his students that 'opulence and freedom are the two greatest blessings man can possess' (*LJ* 185).

The root cause of universal opulence is the division of labour. Smith thinks the source of this specialization of tasks is a 'propensity', an inclination or disposition, in human nature to 'truck, barter and exchange' (*WN* 25). He just asserts that humans possess this disposition, although he speculates that it is probably a consequence of the faculties of reason and speech. Earlier in his Glasgow classroom he tied the trucking disposition to the 'natural inclination to persuade' (*LJ* 352) which in the *Moral Sentiments* he labelled one of the strongest of human desires. As a further testimony to the connections across Smith's work, in the *Considerations* he had located the origin of language in the utterances of savages as they attempted 'to make their mutual wants intelligible to each other' (*CL* 203).

Because the division of labour is a propensity of human nature then it is true of everyone. It cannot, it follows, be an exclusive feature of commercial society. It exists throughout the four stages. With implicit reference to the first stage, Smith gives the example of a skilled bowmaker who discovers that by exchanging high-quality bows for the meat from deer slain by more adept hunters, he can obtain more venison than from trying to kill his own beast. This division is rudimentary because before the age of commerce there is little scope for extensive exchange. Why that is true of the earliest stages and untrue of the fourth stage hinges on the security generated by the rule of law, the definitive characteristic of a well-governed society.

Smith illustrates how an extensive division of labour produces opulence with the famous example of pin-making, a 'very trifling manufacture' as he calls it (*WN* 14). The example was often used and chosen by Smith precisely because it was familiar. He calculates that through the division of labour ten individuals could make 48,000 pins a day—equivalent to 4,800 each. But if each individual performed all the tasks required (drawing, straightening, cutting, pointing the wire, and so on) then less than twenty would have been manufactured. He gives three reasons for this: increased dexterity that comes from reducing each individual's task to 'one simple operation'; time-saving that stems from not having to transfer from one task to the next; and inventing better ways of executing the task prompted by the concentration on one task (*WN* 17). There is a downside to this specialization that Smith returns to later in his book.

The division of labour in this illustrative way increases the 'productive powers of labour' and is the engine of economic growth. But this is not an independent process. Its extensiveness, the key to its provision of opulence (a multitude of cheap pins), is dependent on the size of the market. When the population is small and scattered the scope for an extensive market is small. In these circumstances there is no incentive to specialize so as to produce a surplus to exchange for the surplus of another specialist; the propensity to exchange will remain largely dormant. Smith uses the Highlands of Scotland to illustrate how individuals are there forced to perform for themselves many tasks, 'every farmer' must be his own 'butcher, baker and brewer' (*WN* 31).

This example picks up one of the best-known passages in the *Wealth of Nations*,

> it is not from the benevolence of the butcher, the brewer or the baker that we expect our dinner, but from their regard to their own interest. We address ourselves not to their humanity but to their self-love and never talk to them of our own necessities but of their advantages. Nobody but a beggar chuses to depend chiefly upon the benevolence of his fellow-citizens. (*WN* 27)

I give the butcher money, she gives me sausages. This is not a claim that humans are exclusively motivated by self-love. The whole argument of the *Moral Sentiments* was to reject that claim. The butcher could well act benevolently and give some meat to the beggar but that could only be an occasional gesture because she would not stay in business long if she gave away her products. Nor is it a claim that humans are motivated simply to satisfy their basic needs. As he put it in his lectures, humans work to procure not just food, clothing, and accommodation but also 'conveniences' according to the 'nicety and delicacy' of their taste as well as to become objects of admiration (*LJ* 488). This is part of what makes us human. As the (now) cliché has it, man does not live by bread alone.

When bakery is a separate enterprise from brewing or butchery, when, that is, labour is more specialized, then the more necessary markets become. I will only specialize in bakery if I can reasonably expect others to be specializing in the production of other foodstuffs, so that when I take my bread to market I can, via the medium of money, exchange it for the produce of others. The decision to specialize depends on having confidence in a stable or predictable future. The butcher can rely on the baker for bread; the baker on the butcher for meat.

That reliance or confidence needs to be underwritten. This comes to be a central plank of Smith's account of the role of government as it upholds a system of justice. When the actions of others are not predictable then it is prudent to be independent and self-sufficient and not rely on anyone else. Everyone produces all their own food. But, of course, that option means forgoing the blessing of the opulence—poorer diet in this case—that comes from interdependence (the Highlands were far less prosperous than Glasgow).

Smith illustrates the interdependency of the members of a commercial society with the example of a coarse woollen coat. Even this humble product, he remarks, involves many thousands in its manufacture, from those involved directly to those indirectly, such as the makers of the tools used by the coat manufacturers. So extensive is interdependence that 'everyman thus lives by exchanging or becomes in some measure a merchant'. And when this has happened then this is 'properly a commercial society' (*WN* 37).

From this general basis Smith proceeds to more detailed technical discussions. These it has to be said are not always as clear or as consistent as they might be. He distinguishes, for example, four types of price and different roles played by labour.

Labour, price, and value

The opening sentence of the *Wealth of Nations* proclaims the importance of labour. The 'necessaries and conveniences of life' are obtained through it either directly or indirectly. It is direct when I bake the bread I consume and it is indirect when I buy a loaf, which is to say I purchase the labour of a baker. But interdependency means the baker would have to have bought flour from the labour of a miller and bought an oven from the labour of a manufacturer. The buying and selling of the products of labour requires a market and that requires some mechanism to calculate how much the bread, wheat, and oven should cost. This leads Smith into tricky questions of money, price, and value.

Smith describes money as 'the great wheel of circulation, the great instrument of commerce' (*WN* 291). Beyond the immediate barter of venison for a bow it is necessary to have some standard to enable the butcher, baker, and brewer to trade. He gives a long list of commodities that have acted as a standard—cattle, shells, sugar, and so on. But he says there was convergence on metals because they didn't perish and could be divided. In a commercial society, paper money gradually substitutes for gold and silver—a development that, later in the book, leads Smith into a discussion of banking and credit.

But money is only an instrument, a tool. It is a separate question how much a consumer pays for bread, beef, beer (and ovens). This raises what historically has been one of the most persistent problems in economics—the relation between price and value. Some objects have 'value in use'. Water is an example. Other objects have 'value in exchange'. Diamonds are an example. Smith observes that though water has the greatest use value it has no exchangeable value (you can't get much for it), while the opposite is the case with diamonds (you can get a lot in exchange for them). Though the distinction is important (it is a pivotal feature of Karl Marx's economics, for example) Smith is concerned with the 'principles that regulate the exchangeable value of commodities' (WN 46). Why is the price of a loaf £1 and a pint of beer £2?

Typically he starts with a simple almost intuitive observation and then unfolds a more elaborate analysis. He supposes in the hunter stage that it takes twice the labour to kill a beaver than it does a deer, so one beaver should exchange for two deer. This is their 'exchangeable value' and, in this simple situation, it is calculated by how much labour was expended (or embodied) in production. Labour is the real measure of exchangeable value and this constitutes the 'real price' of a commodity. It is distinct from the 'nominal price' or the sum of money paid (£1 for a loaf). While labour always remains the ultimate determinate, Smith continues to refine his analysis as the situation becomes more complicated than that portrayed by the deer/beaver example. When I buy rather than bake the loaf I am, in effect, 'commanding' the labour of the baker and this incorporates the labour he has, in turn, commanded from the miller and oven manufacturer.

He proceeds to identify three components in labour. It measures not only how much toil or effort is involved in baking but also measures the value of the land that grows the wheat and the cost in manufacturing and distributing the ovens to bake the bread. These three components of labour have their own local going rate and together they establish the bread's 'natural price' (*WN* 72). Across all marketable commodities this price is decided by what is sufficient to pay the rent, the wages, and the profits of 'the stock employed in raising, preparing and bringing' a good to market. They are in contemporary terminology the 'costs of production'.

Smith is now describing not a primitive society of hunters but a developed society where everyone 'in some measure' is a merchant. But even before such a society develops, labour as a unit of measurement is difficult to gauge. Money makes matters easier. The quantity of money (how much to pay) is a simpler measure than quantity (how much) and quality (skill) of labour. However, that simplicity means it is liable to fluctuate. For example, gold or silver can be more or less available, harvests more or less bountiful, workers more or less plentiful, but, more generally, the 'higgling and bargaining of the market' produces a going rate or the 'market price' (*WN* 49).

He illustrates the fluctuation in the market price with the example of a public mourning. In this situation the sudden increase in demand raises the price of black cloth because the quantity available is now in relatively short supply. Smith in this way identifies one of the lynchpins of modern 'neo-classical' economics, that price is set by the relation between supply and demand. But, thanks to these fluctuations, for him, the market price remains analytically distinct from the natural price.

They might coincide but the market price can also be above or below the natural price. For this reason Marx called him a representative of 'classical political economy' (indeed, along with David Ricardo, he was 'the best').

According to Smith's analysis, the market price, because it is always subject to fluctuations, does not really explain why bread costs £1 a loaf and beer £2 a pint. The explanation lies in the natural price. Smith uses a revealing metaphor. He says the natural price is that 'to which the prices of all commodities are continually gravitating' (*WN* 75). What is revelatory is the use of the Newtonian image of 'gravity' and Smith's implicit claim that he has scientifically explained the workings of the economy as Newton had done of the universe.

To his own mind he has uncovered the regulatory principles of exchange. If there is a shortfall between demand and supply then it is, where applicable, in the interest of landlords, labourers, and manufacturer to fill the gap by increasing supply. This activity is the gravitational pull and it will operate when the landlords and the others are free from artificial restrictions. As it is now called, this is a process of equilibrium. Smith's achievement is to have shown that the operation of the market has regularities or constantly recurring patterns; it is not a random haphazard series of interactions. This is more than sufficient for neo-classical economists to label him the 'father' of the discipline.

Labour, land, and stock comprise the three components of the natural price. In the form of wages, rent, and profit this provides Smith with a basic three-fold division of sources of income.

Wages

Before land became private property and before stock was accumulated, labourers enjoyed the whole produce of their labour. With the emergence of landlords and stockholders the labourers cannot act independently but must rely for their maintenance on the landlord or later, as society develops, from the manufacturer in the form of wages. Labourers must work on the privately owned land and landlords take their share of the labourers' product as rent. The pin-makers must be provided with the materials to make the pins, as well as wages (money to live on while making the pins). When the pins are sold the manufacturers reclaim their share as profit.

The psychology of the butcher and baker still applies. All three parties—labourers, landlords, and manufacturers—are motivated by their own interests. These, however, do not coincide. Smith observes that the labourers desire to get as much and the 'masters' (landlords, manufacturers) to give as little as possible. In pursuing their side of the contract labourers are disposed of their own accord to join forces or 'combine' in order to raise their wages, while the masters on their side combine to lower them. Smith now adds that the latter can combine more easily than the former, especially since the law prohibits the combination of workers, while permitting that of the masters. This leads Smith to make the forthright comment that 'masters are always and everywhere in a sort of tacit, but constant and uniform combination not to raise the wages above their actual rate' (*WN* 84).

This rate has a necessary floor. The wages paid must at least enable the labourer to subsist and bring up a family. This minimal level is what employers wish to pay. But that aim, Smith judges, reflects a misunderstanding. Many economists of his time, and earlier, took the view that low wages were a necessary incentive but Smith, on the contrary, argued in favour of high wages because, in one of his key phrases, and one he had already used in the *Moral Sentiments*, high wages encourage in the worker the hope of 'bettering his condition' (*WN* 99). The more the labourer is encouraged then the greater the productivity. This explains why wages are highest in times of economic growth. This supports one of Smith's major arguments. The central issue is not the monetary level of wages but their purchasing power: what those wages can buy. The purpose of production is consumption. This self-evident 'maxim', as he calls it, is the most important in the whole book. The wealth of nations lies in the increase of revenue and stock, in the availability and accessibility of more, better, and affordable goods.

Smith the economist is the same man as Smith the moral philosopher, and in the context of wages this is apparent. It is a matter of 'equity' that those who provide for the basic needs of society should themselves be 'tolerably well-fed, cloathed and lodged'. And since, as he said in the *Theory of Moral Sentiments*, prosperity brings joy, then 'no society can be flourishing and happy of which the greater part are poor and miserable' (*WN* 96). A similar moral tone recurs when Smith discusses merchants and manufacturers. They are hypocrites who complain about the effects of high wages but are silent about the bad effects of high profits and the 'pernicious effects of their own gains' (*WN* 115). Furthermore, they are deceitful and, because they always seeking to reduce competition, they are, in effect, conspiring against the public interest.

Profits

Smith has no objection to profits. They accrue from stock, which, when put to use, has the vital role of generating most of a society's useful labour. This role is the subject matter of the whole of Book II. It is a consequence of the division of labour that the pin-maker cannot make pins without the equipment to do so and has to have funds to live on before the pins are sold. The availability of this equipment and the resources to maintain the pin-maker are derived from existing stock. It follows that this stock must have been accumulated in advance. The greater the accumulation then the better the equipment that can be afforded and the higher the incentivizing wages that can earned/paid which leads to greater productivity and thus economic growth and greater national wealth.

Labourers possess little stock of their own and have scant opportunity to accumulate. But if a quantity is built up then stock-holders, after deducting what is needed for immediate personal consumption, and in order to better their condition, will aim to derive a revenue from the residue. They would, Smith says, be 'perfectly crazy' if they didn't (*WN* 285). Smith here introduces the term 'capital' and its accumulation is the key to growth.

Smith distinguishes two types of capital. The stock-holders can, in broad terms, put their residual stock to work in two ways. These are not mutually exclusive. They can manufacture goods and then sell them for a profit, the proceeds of which are usable to purchase more materials, etc., for more manufacture. Smith calls this 'circulating capital' since it involves a series of exchanges (*WN* 279). Or, second, the stock-holder can use the residue to improve land or to buy machinery. This Smith labels 'fixed capital' because once invested there is no further exchange (*WN* 282). The aim of fixed capital, through these means, is to increase the productivity of labour. The relative proportions between these two types of capital will depend on the stockholder's business, so more fixed capital (machinery) is needed for mining coal than for making shoes. But the fixed capital in mining or cobbling cannot of itself raise any revenue without circulating capital to supply and maintain the pumps for the mine or the leather for the shoe-maker as well as the upkeep of the workers.

Capital will only be put to work, and economic growth ensue, if there is 'tolerable security' (*WN* 285). Here is a persistent thread in the *Wealth of Nations*. In the earlier ages when that security is missing individuals will keep what stock they have close at hand. They would be sane not crazy to keep hold of it. The result is no investment which consequently limits the productivity of labour.

The effect of this is to entrench an impoverished life in comparison to that enjoyed even by humble labourers in a commercial society. The security afforded to all in that society makes it a safe and sane decision to invest. That security as well as promoting investment also facilitates wider and more intensive markets. A bigger market means more competition and that in its turn also leads to improvement both materially and socially.

This growth in productivity and overall prosperity makes it possible to sustain unproductive labour. Some of this labour is functional, including those whose job it is to maintain security, both internally and externally, and some of it is 'frivolous', including not only musicians but also the professions of the church, law, and medicine. The 'wealth' of nations also encompasses learning and culture.

Rent

In the same way that it is in the interest of an employer to pay wages at the lowest feasible level, so it is in the interest of a landlord to charge as much rent as the tenant can afford. But the cases are not identical. Not all rent takes the form of a reasonable profit from investment in improvement. The difference is that rent can still be derived from unimproved property. With explicit reference to Scotland, Smith gives the example of kelp. This seaweed is useful for making soap and glass but the raw product is not the result of any human industry. Nonetheless the owner of the shore demands a rent from the kelp harvester.

More rent can be charged for fertile than for less fertile land but, where fertility is equal, another factor is relevant. A higher rent can be charged on land that is close to the market town. The explanation for this is that the greater the proximity then the less the transportation costs in taking goods to the market, with the consequence that the income of these tenants is greater, making it feasible for the landlord to raise their rent. That differential would be reduced if transportation costs were also reduced and that would in its turn encourage the cultivation of land further away from the towns. This encouragement is beneficial because it facilitates the emergence of new producers to compete with the more locally based ones. It is because it stimulates this increased competition (always a 'good thing' for Smith) that he judges a developed infrastructure of good roads and canals to be the greatest of all improvements.

Social orders

Wages, profit, and rent as the three sources of income establish within a 'civilized society' three corresponding 'orders of people'—workers, merchants, or manufacturers and rentiers/ farmers. Although each is equally a component of society their relationship to the public or general interest differs. This difference matters when it comes to policy-making. Smith finds each order deficient when it comes to good governance.

The interests of those who live by wages are closely bound up with the general social interest, because as society prospers so do they and vice versa. However, their everyday circumstances mean they are relatively uneducated thus making them 'unfit' to inform policy (Smith returns to this deficiency in Book V). The second order—the 'country gentlemen' who live off rent—are the traditional mainstay of the political order and, as Smith acknowledges, because land as a natural resource is a fixed asset then their own interests in maintaining it will not run counter to those of the nation. But they are indolent and incapable of applying themselves to understanding the consequences of any public regulation. This scepticism of the link between landowning and political judgment reflects a remark in his Glasgow jurisprudence lectures that in a 'polished' or commercial society what counts is 'superior mental capacity' (*LJ* 401).

The final order, those whose income derives from profit, are more educated than the first and more intellectually active than the second. However, their interests and the general interest do not coincide, because the rate of profit, unlike wages and rent, does not necessarily harmonize with the prosperity of the country. Indeed, Smith claims the rate is highest in 'countries which are fast going to ruin'. This lack of harmony has bad consequences when it comes to policy-making. Smith proceeds to develop a prolonged critique of the policies typically advocated by merchants.

Chapter 6
Trading and spending

In Book IV of the *Wealth of Nations* Smith identifies two faulty alternatives to his own explanation of the wealth of nations. He criticizes the French economists (the Physiocrats) some of whom he met on his travels as a tutor. Their basic argument was that land is the sole source of wealth and revenue, but Smith, while agreeing with them on the importance of liberty, criticizes them for treating manufacturers and merchants as totally unproductive. However, Smith's chief target is the second alternative. This he calls the 'mercantile system'.

The critique of mercantilist politics

The core objective of the mercantile system was to achieve a favourable balance of trade (measured in bullion). This balance was to be achieved by encouraging a surplus of exports over imports. The latter were subject to high duties on goods that could be produced by domestic industry. By reducing competition, this policy is in the interests of home industry which is the same as saying it is in the interest of domestic manufacturers and merchants. To protect that interest they oppose any law that would threaten their control of the market. According to Smith, so powerful is this interest that it can intimidate the legislature (largely the mentally indolent landowners). This is made easier by the parliamentarians' belief that by accepting the merchants' arguments they gain a reputation for understanding trade as well as by them hoping to curry favour with the increasingly wealthy mercantile order.

Smith has a generally low opinion of politicians. Those who participate 'in the management of publick affairs' do so because of the prestige it gives them. They are not motivated by a commitment to public virtue. Not only are they swayed by outside interests but also they typically take the short view. Their skill he likens to an 'insidious and crafty animal'. He contrasts this opportunistic talent to 'the science of a legislator' that deals with invariable 'general principles' (*WN* 468). He had used this same term at the beginning of Book IV where he identifies 'political economy' as a branch of that science, the purpose of which is two-fold: to enable individuals to live well from their own efforts and to raise revenue. However, it is clear Smith is not advocating that some individual could play the role of 'legislator'. His emphasis is on the 'science' which his book is outlining.

Smith has more faith in the legal system than in politics. The replacement of the arbitrary localized judicial role played by the feudal lords by an independent judiciary is he declares in one of his Glasgow lectures the 'great advantage which modern times have over antient' (*LRBL* 176). He believes this independence makes it very unlikely that justice will be sacrificed to political expediency. This belief rests on two assumptions. He assumes judges are exceptionally able (unlike the bulk of the parliamentarians). He also assumes that, because their emolument is very small, they are motivated by the great honour of their office so that they treat the public admiration that comes with the job as 'part of their reward' (*WN* 123). This view, exemplified also in doctors, poets, and philosophers, incidentally, underlines the fact that Smith did not reduce all motivations to material self-interest.

Smith does not tar all politicians with the same brush. He allows for exceptions. There are in parliament some public-spirited individuals who object to or resist the mercantile lobby. But for their pains they are subject to abuse, insults, and even violence. This, for Smith, is all part of the 'mean and malignant' character of the mercantile system, as its supporters conspire to 'deceive, and even to oppress the publick' (*WN* 267).

These barbs reflect the effects, and are the corollaries, of mercantilism. But Smith's objections run deeper. The very aim of that system is misconceived because it elevates the interests of producers above consumers. Consumers benefit not from mercantile restrictions but from free trade. There are two aspects to Smith's deeper critique. He shows how mercantile policies in practice thwart the wealth of nations and he also demonstrates how in principle its assumptions are faulty and necessarily run counter to what he calls 'natural liberty'. This combination of practical and theoretical aspects reveals the core of his own system.

Free trade

According to Smith mercantilist policy seeks to 'force' trade into a particular direction (*WN* 506). His use of the word 'force' here helps to sharpen the contrast to his own policy of 'free' trade. The outcome of this forced attempt is worse than if the trade had been left to find its own way. The whole idea of a 'balance' of trade, to be achieved by artificially diverting industry away from its own course, is 'absurd' (*WN* 458). To illustrate this absurdity Smith gives a local example. With the help of artificial devices, like greenhouses, good wine, he says, can be produced in Scotland. But the production of Scottish wine would require so much capital that, compared to importing wine from France, it would be expensive. As a result, it would, he judges, be unreasonable to prohibit the import of cheaper claret.

This deliberately contrived example, dramatizes three fundamental Smithian principles. The natural advantages of one country in producing some commodities (wine in France) make it wasteful to offset them in another (subsidize Scottish vineyards). The free trade in wine benefits the Scottish consumer, who pays less for his or her tipple; the subsidies would only benefit the owners of Scottish vineyards. Second, no regulation, like imposing bounties or subsidies, can increase the quantity of industry in a society beyond what its capital can sustain; it can only direct it. But, third, this will be a misdirection.

If a good is only produced because it is subsidized it means the producer would otherwise not engage in its production, since no profit would be earned. This entrenches inefficiency to the overall detriment of the economy. If there were no subsidies then a producer would not waste her capital in Scottish grape production but use it in an area where she can expect a reasonable return on the investment (say whisky). That expectation will be fulfilled if the good now produced has a market, that is, consumers who want whisky.

There is, though, no guarantee that a producer will be successful. This is because that same expectation would be shared by other producers who would use their capital to enter that same market and compete for the consumers' custom by also producing whisky (the same applies for wine production in France). In this way, thanks to free trade and competition, Scottish and French customers will be the ultimate beneficiaries, enjoying both cheaper wine and cheaper whisky. Not only will the drinks be cheaper but they will also be of better quality. In addition there will be more choice since the producers will compete to offer a drink that will 'give them an edge' in the market-place – *vin ordinaire* or *premier cru* of various vintages; blend or malt of varying age.

Smith supplies many other non-contrived examples, with particular attention paid to corn. He devotes one of his 'digressions' of almost twenty pages to it. In his treatment of this issue Smith was contributing to an intense contemporary debate and his 'take' caused much controversy both at the time and later. He used this topic to reinforce his argument about free trade and demonstrate that regulation was misplaced.

Left to his own judgment and in pursuit of his own interest, the corn dealer would set the price as high as the quantity of corn allows. When there is a shortage a high price will be charged. Contrary to the view that this is exploitative, Smith maintains this is to everyone's benefit. The high price will discourage over-consumption and encourage 'thrift and good management'. In that way adequate supply will be maintained. If the dealer sets the price too low then the supply will run out. In that case, not only will the dealer lose income (nothing left to sell) but also at the end of the season 'the hardships of a dearth [and] the dreadful horrors of famine' will be experienced.

Smith is well aware that those circumstances generate social unrest and that this has often prompted government intervention to oversee the distribution. He claims, on the contrary, that his argument by allowing the dealers to follow their own interests by adjusting their prices is the 'only effective' way to prevent 'the miseries of famine'. More pointedly, he declares that it is the 'violence of government' by attempting 'by improper means' to ease dearth that has caused famine. In short, the discrete decisions of individuals (in this case the price-setting by corn merchants) is a superior method of distributing goods, than some centralized and opportunistic political decision; a conclusion that goes a long way to explaining Smith's subsequent status as the flag-bearer of those who argue for the superiority of market economies to centrally planned ones.

In the case of corn the interests of the merchant and consumer align. Underlying this alignment, and the practical advantages of free trade, is a fundamental general principle. This principle is natural liberty.

Natural liberty

The term 'natural liberty' is not novel; it was an important component in political theorizing from the 16th century onwards. Smith, however, gives it a distinctive application. According to Smith's definition, the 'system of natural liberty' is when

> every man, as long as he does not violate the laws of justice is left perfectly free to pursue his own interest his own way and to bring both his industry and capital into competition with those of any other man or order of men.

It follows from this, and in stark contrast to mercantilist practice, that government is completely discharged from 'a duty... of superintending the industry of private people and of directing it towards the employments most suitable to the interest of society' (*WN* 687).

The doctrine of relieving the government from economic superintendence is frequently labelled 'laissez-faire' but although the term was current Smith never uses it. This restriction of the role of government avoids a further fault in mercantilism. Its policy of artificially steering the economy assumes humans (governments) possess enough wisdom or knowledge to ascertain what, and how much, direction is in fact in the interests of society. But for Smith they are deluding themselves. Nobody (and especially not governments) is that wise or knowledgeable.

Smith's confidence that government's role can be safely restricted lies in his conviction that everyone seeks to better their own condition. Given freedom and security this natural urge to self-identified betterment is, he claims, so powerful that, in spite of the extravagance of government and foolish restrictions, it is able to generate social wealth and prosperity. It prompts people to save and build up capital. This 'private frugality', either directly or indirectly by extending interest-bearing credit, increases productive labour, and stimulates economic growth and thus overall national wealth. In another flight of rhetoric Smith underlines the key role played by that urge by describing it as a desire that never leaves us from the womb to the grave. There is, he goes on, scarcely any time when individuals are so satisfied with their lot that they do not wish some improvement. They typically see increasing their 'fortune' as the means to this improvement. This is not reprehensible. In the *Moral Sentiments* he had noted that frugality was esteemed even when it was directed at the personal 'acquisition of fortune' (*TMS* 190).

In less rhetorical vein, individuals are continually exerting themselves to find the best outlet for their resources (capital). Free of external direction or artificial interventions, people will make their own decisions about their own interests. It is a basic Smithian principle that the law should trust folk to take care of their own interests. It is against the backdrop of that principle that Smith's one reference to the 'invisible hand' in the *Wealth of Nations* occurs. This reference is rather 'tucked away'; given its subsequent fame/notoriety, it certainly lacks textual prominence. Like the corn-dealer, each owner of capital seeks his or her own gain but, 'as in many other cases is led by an invisible hand to promote an end which was no part of his intention' (*WN* 456). This unintended end is the public interest (the steady supply of corn). Smith reiterates his distrust of politicians by observing that he has never known much good to stem from deliberately seeking to pursue the public interest.

However, not all operations of the invisible hand produce a benign outcome, like availability of corn. In his usual circumspect way, Smith even hedges this explicit evocation of the invisible hand with qualifications. He says carefully that it is not 'always the worse for the society' that the public interest is 'frequently' the unintended outcome of individuals pursuing their own interests.

Between the lines, this pursuit of self-interest can be to the detriment of society and will not always redound to society's benefit.

The duties and role of government

For Smith, government in a commercial society has three duties: protection from external foes, maintenance of public works, and an 'exact administration of justice'. Smith's view of justice in the *Wealth of Nations* is the same as that put forward in the *Moral Sentiments*. It is strict, rule-bound, and indispensable. This duty of government is similarly indispensable. It enforces adherence to the 'laws of justice' (the rule of law) that provide the security that enables individuals to pursue their own goals, to enjoy their natural liberty. This security is absolutely crucial; its presence makes it a safe or sane decision to invest and thus increase industry and stimulate improvement.

It is one of Smith's basic points that a successful economy does not exist in a vacuum but depends on a stable legal framework. This is not an article of faith on his part but one that the historical evidence bears out. The message from Book III was that it took the establishment of a regular administration of justice to enable commerce and manufacture to flourish. If this third duty of government was more extensive than the enforcement of contracts, the payment of debts, and rule-abidingness in general then it would inhibit prosperity. This seemingly limited task is Smith's default position. But he is not dogmatic and he is willing to allow exceptions.

Government can properly take a positive role, even when this appears to infringe natural liberty. Most often these infringements of liberty are for the sake of greater liberty. They remove obstacles and Smith identifies many such cases for action. He attacks the 'absurd' legal practice of primogeniture (the first born exclusively inherits) and entail (inheritance is predetermined—causing

Mrs Bennet in *Pride and Prejudice* to hope Elizabeth will marry Mr Collins to whom the Bennet Estate will pass). Both these practices restrict the market in land.

He is more forthright in his opposition to the English poor laws whereby each parish had the responsibility to support their own poor, with the additional authority to eject immigrant paupers. Smith judged that to eject someone who had committed no crime and had chosen where to live was 'an evident violation of natural liberty' (*WN* 157). By penalizing mobility, the effect of this law is to entrench poverty. Accordingly, Smith supported its repeal. The same applies to the statute of apprenticeships and the exclusive privileges of corporations and guilds because they too prevent workers from working where, and on what, they please. The argument here is that the government should withdraw from certain tasks. In effect the legislation should be repealed thus relieving government from the obligation to administer and go beyond its three duties.

Smith also identifies cases where the default can be over-ridden. These interventions generally make some sort of appeal to the 'national interest' and invoke, implicitly, government's first duty, its responsibility for defence. The Act of Navigation 'very properly' gives British shipping a monopoly of their own trade (*WN* 463). This differs from the monopoly granted to joint-stock companies. Here the monopoly is a reward for the risks and expense in establishing new trade with 'remote and barbarous' lands. But this monopoly is time-limited (like copyright). Not only is competition and free trade the way to raise the wealth of nations but these companies have a lamentable record of mismanagement as well as a self-interested desire to retain their monopolistic advantages.

In justifying proper government interventions, Smith gives the example of requiring fire walls to be built. These constructions prevent the spread of a blaze and that prevention is a justified infringement of the natural liberty of builders. In this same passage, Smith argues on the same principle that regulation of the issuing of notes by banks is proper; they should be in large denominations and be immediately payable on demand. In a related vein, he justifies a legal rate of interest in order that capital is put 'visibly' in the hands of those who will make more productive use of it. It can also be appropriate to deviate from the principles of free trade in order to encourage home industry. For example, when a domestically produced good is taxed then it is reasonable that the same good should incur a tax when imported. Smith is clear that this is not a mercantilist policy. It still leaves competition in place, what it does is level the playing field.

Public works, education, and the well-being of workers

In addition to its duty to maintain external and internal security, government's remaining duty is the provision of what he calls 'public works and institutions'. These are activities that although in the general interest are not in the direct interest of specific individuals. This is because profits cannot be earned from the provision of a good or service when the access to it can't be controlled. Smith supplies examples of what are now regarded as classic examples of such goods. Prominent among these are roads, bridges, and navigable canals. In addition to these infrastructural goods, Smith also includes the provision of public promenades, parks, and gardens. Particularly important is his promotion of education as a proper duty of government. His argument here in Book V requires him to revisit the division of labour.

The opulence produced by the division of labour was an unintended consequence but it had other less benign results. These affect those who perform 'a few simple operations'. Smith uses some of his most powerful language to depict these effects. The simplicity of the specific task repetitively undertaken by an operative (the pin-maker), means he has no opportunity to 'exert his understanding or to exercise his invention'. As a consequence he loses the 'habit of exertion' and with that loss becomes 'as stupid and ignorant as it is possible for a human creature to become'. The 'torpor of his mind' renders them unable to indulge in rational conversation and incapable of acting responsibly or prudently when it comes to everyday obligations and commitments. The uniformity of the pin-maker's life also 'corrupts the courage of his mind', that is to say, it instils cowardice, which involves a 'sort of mental mutilation, deformity and wretchedness'. In sum, the opulence induced by the dexterity of the pin-makers and the specificity of their task is bought at the cost of their 'intellectual, social and martial virtues' (*WN* 782).

This is what will happen to the 'labouring poor', who make up the bulk of the population in a 'civilized society'. The very power of Smith's language in these passages serves to prepare the ground for justifiable government intervention. This intervention is a realistic proposition because what will happen to the pin-makers is not, in fact, inevitable. Like the difference between the philosopher and the porter (which was the consequence not the source of the division of labour) it reflects the operation of 'moral causes' not physical necessity. Government can therefore exercise moral causation of its own; it can take some remedial steps. Education is the key remedy.

The remedy focuses on those affected. Smith's proposed remedy draws on Scottish practice, where public funds are used to establish a local parish school. In the schools envisaged by Smith, children will be taught for a fee that 'even a common labourer may afford' (*WN* 785). He is opposed to wholly public funding because that would encourage the teacher to neglect his or her duties. (This was a conclusion drawn from his experience at Oxford University, in contrast to Glasgow where students paid fees with the result that they got a superior education.) The public purse will pay the rest of the teacher's salary.

But Smith's prescriptions go further. He also recommends a curriculum. The essentials should be covered. This means imparting basic literacy plus elementary mathematics, instead of the 'little smattering of Latin' that is sometimes currently taught. Smith thinks this sufficient for the 'common people' who, unlike those of 'rank and fortune', do not have the time and financial resources to live economically independent lives (*WN* 784–5).

There will be an incentive to acquire these basics. Before setting up a trade or attaining membership of a corporation the 'public' will impose an examination, or period of probation, in these essentials. The same requirement will apply before being allowed to enter 'any liberal profession' or 'honourable office of trust or profit' (*WN* 786). Smith clearly sees this public facilitation of education as a precaution, because even a relatively educated populace is less likely to fall prey to superstition or succumb to disruptive demagoguery. This precautionary or prudential role should not be over-sold. Even without these external benefits, Smith still affirms the principle that it is a proper task of government to facilitate the education of the 'inferior ranks' (*WN* 788).

Education is the seemingly obvious remedy for the defective intellectual virtues. More indirectly it also addresses the social virtues since an educated workforce will be less torpid and thus more able to engage with the world around them. The state has another more direct, if still oblique, role to play in fostering the social virtues. It can permit 'publick diversions', such as drama, poetry, music, dancing, and the like. This permission is granted to those who would 'for their own interest' put on these diversions, always provided this was done 'without scandal or indecency' (*WN* 796). These diversions will help offset the 'unsocial morals' and lift the gloom and austerity of the 'little religious sects' to which the workers are prone to turn. Smith extends his endorsement of competition to this arena also. When there is a multitude of small sects they will find it beneficial to tolerate each other and, in this way, any disruptive tendency to zealotry will be reduced.

The solution to the lack of martial virtues is more problematic. This is because Smith rules out the practical viability of a citizen militia. In line with the principles of the division of labour, he thinks a professional standing army superior, especially since modern armaments make individual bravery less significant than discipline. The relative ineffectiveness of a conscripted militia in a commercial society would be compounded by this enforced service running up against the interests and inclinations of the people. But despite his strong language about the loss of martial virtue his remedial recommendations are vague.

He refers to the military exercises that the Greeks and Romans made the citizens perform and how these maintained their 'martial spirit' and intimates that an adaptation of such a system would be a superior remedy than a militia. He suggests that giving 'premiums and badges of distinction' to those who excelled would be an incentive. He had used this same suggestion, using the same terms, in the context of the parish schools to encourage performance. The best guess is that Smith thinks a similar system of government-backed public rewards would encourage participation in activities that would help counteract the decline of the martial spirit. Participants would be nudged not cajoled. Whether this really amounts to the government paying 'serious attention' to the problem that he likens to a contagious disease is questionable.

A professional army and other public servants need to be paid and money has to be found to underwrite the costs of education and other public goods. There are two major ways these expenses can be met—through taxation and through borrowing.

Tax

Smith identifies four 'maxims' of taxation. These have remained benchmarks. Taxes should be proportionate to the amount of revenue acquired. Second, tax should not be arbitrary, how much tax and when it is to be paid must be certain and not at the whim of the tax-gatherer. Third, tax should be convenient for the payer. Finally, the tax should be cost-effective, that is, it should not cost more to collect the tax than will be received, nor should it discourage business or induce smuggling. Smith believed implementing these maxims would not only collect revenue but do so justly.

All tax must be derived from the three different sources of income—wages, rent, and profit. Smith discusses them individually then proceeds to a treatment of taxes that apply to all three sources. Smith devotes least space to wages (income tax was not introduced until 1799 by William Pitt to offset the cost of the Napoleonic wars). Taxes on labour will tend either to increase unemployment or to raise wages, an increase that is ultimately passed on to the consumer. Neither outcome is desirable. In the analysis of taxable rent Smith distinguishes three sources. It can be levied on land, on the produce of the land, and on housing. With respect to the last of these Smith observes that the tax falls mainly on the rich, an inequality that he judges as not 'any thing very unreasonable' (*WN* 842). In blunter terms a little later he makes it clear that it is an 'inequality of the worst kind' if the tax falls more heavily on the poor than the rich (*WN* 846).

The analysis of tax upon profit concentrates on that earned as interest (profit as such is the 'compensation' for the risk and effort in employing stock and not subject to direct taxation). Smith observes that, while a tax on land is necessarily upon a fixed asset, taxable interest lacks that fixity. The stock-holder, he says, is 'properly a citizen of the world' who can always leave the country if the tax on interest is thought to be too burdensome (now known as 'capital flight') (*WN* 848). This difference had long been a major source of political debate though Smith largely side-steps it. Nonetheless with his disparagement of the political talents of landowners, together with his underlying argument for free trade as the foundation of the wealth of nations, it is clear he is no supporter of the inherent superiority of the landed interest.

Smith devotes most space to taxes not levied on the sources of income. Here he distinguishes between 'capitation' or poll taxes and those on consumables, but he concentrates on the latter because the former in practice are arbitrary. Consumption taxes can be levied either on necessities or on luxuries. Smith's treatment of the former is another benchmark, important not only in economics but also in social theory and social policy.

What is 'necessary' is not the same as a bare physical minimum. Smith's definition is:

> by necessaries I understand, not only commodities which are indispensably necessary for the support of life, but whatever the custom of the country renders it indecent for creditable people, even of the lowest order, to be without. (*WN* 869)

He gives a linen shirt as an example. This garment was unknown to the Greeks and Romans and they nonetheless lived comfortably but today a day-labourer would be 'ashamed' to appear in public without that garment, its absence is indicative of a 'disgraceful' degree of poverty. It is the 'established rules of decency' among the 'lowest ranks of people' that fixes what counts as 'necessary' (*WN* 870). From this it follows that what is experienced as a necessity is socially relative (different in California than in Bangladesh). Luxuries are simply a residual category and are similarly relative. Following Hume and contrary to a long-standing and still current opinion, Smith does not, on principle, condemn luxury as a corruption of virtue.

The policy implication is that consumption taxes should be levied on luxuries not on necessities. These will be paid by both rich and poor. Both, for example, pay a tax for consuming tobacco and alcohol. Such taxes on the poor induce them to be 'sober and industrious' and that is socially beneficial. Their ability to raise a family and instil good conduct is enhanced and this will, in turn, minimize the risk of social disorder. Smith says these taxes act 'as sumptuary laws' (*WN* 872). His wording here is careful because earlier in the book he had scornfully dismissed sumptuary laws. This legislation, which sought deliberately and explicitly to control the expenditure that different social classes could spend on clothes or food, was common to most societies in Europe and elsewhere. Smith denounces it as 'the highest impertinence and presumption' for 'kings and ministers' to restrain the expenses of private people (*WN* 346). Unlike the taxes on tobacco and ale, which are discretionary (you choose to buy a pint), these laws directly infringe natural liberty.

Taxation can also be levied to help defray some of the costs of public works. But some discrimination is appropriate. Bridges, for example, can be maintained via tolls. This charge to be paid by users will help ensure the bridge will be built where it is needed. This outcome could not be guaranteed if it was a decision made by public authorities using general tax revenues. Smith refers non-specifically to cases where a bridge or highway has been built in order simply to embellish the view from a neighbouring palace or to gratify the vanity of a minister. Moreover the toll can be proportionate to use. Heavy loads, because they cause more wear and tear on the bridge, should properly pay a higher toll than lighter loads. Similarly regardless of weight, a higher toll can be levied on luxury carriages than on those transporting necessities. As Smith sardonically puts it, 'the indolence and vanity of the rich' in this way contribute to the 'relief of the poor' by making the transportation of goods cheaper (*WN* 725).

When Smith was pulling his book together there was extensive debate on the taxation of the American colonies. Smith contributed to this. He was, though, chided by his contemporaries for delaying the publication of his book in order to participate in the debate and thus making the volume seem to one his correspondents 'too much like a publication for the present moment' (*Corr* 188). That is unfair to the extent that Smith discusses colonies more generally, including those established in the ancient world. This is the occasion for a remark often misattributed to Napoleon. It was Smith who said that to establish an empire to provide for customers is one fit for a nation of shopkeepers but not for a government influenced by shopkeepers.

In response to the American crisis, Smith saw advantages in granting the Americans independence. This would reduce a burden on the British taxpayer. It would also generate goodwill that would facilitate free trade to the advantage of everyone (apart from those merchants benefiting from the status quo). But Smith was under no illusions, he knew full well that his scheme of completely free trade was fated to be a 'Utopia' (*WN* 471). Not only is there no precedent for a nation voluntarily giving up some of its territory but also, here reflecting a recurring theme in his book, because it ran counter to the 'private interests of the governing party' (*WN* 617).

Recognizing this solution to be unrealistic he puts forward some more practical suggestions. The colonies, unless they defray the costs by taxing themselves, should pay to the central government taxes sufficient to cover the expenses of their own administration. They should also make a proportionate contribution to cover central expenses, including those incurred in time of war. To increase the acceptability of this scheme Smith advocates giving the Americans representation in the British parliament. Once again reflecting his unflattering view of politicians, Smith thinks this scheme would gratify the ambition of its leaders.

Debt

Governments can also raise money by borrowing. This presupposes a developed financial system. Money evolved as a more efficient or easier way to exchange different goods. Gold and silver because of their durability came to be widely accepted as the unit of exchange. But as commerce developed so did systems of finance. Paper money emerged out of arrangements between merchants and this in due course led to the establishment of banks. Smith judges this development positively. As he figuratively puts it, paper money converts dead into active stock thus increasing trade and industry.

Paper money is only treated as currency because it is believed to have value. But belief is nothing tangible, it needs to be given some substance or underwritten. Smith therefore counsels that this belief still needs to be secured in gold and silver. In a poetic flight of fancy lifted from Jonathan Swift, one of his favourite authors, commerce is more secure when it rests on 'the solid ground' of gold and silver rather than when it is 'suspended upon the Daedalian wings of paper money' (*WN* 321). In addition, to enable paper money to carry out its beneficial function there has to be confidence in banks as the issuing agents. This confidence can however be lost. This happened, with serious consequences, to the Ayr Bank in Scotland, an event to which Smith explicitly draws attention. The collapse of Lehmann Brothers and RBS in 2008 indicate that this issue has not gone away.

What a banking system facilitates is the issuing of credit—lending money to invest in new capital. But the government itself can borrow. The extent of government debt was contemporaneously a vexed question (Hume, for example, wrote a savage critique). Smith's analysis of government indebtedness provides another case where the unintended consequences of individual action do not work for the best.

Thanks to the security provided by the regular administration of justice, those with capital will have sufficient trust and confidence in the government to extend it credit. Their funds would be safe and they'll get a good deal because the government needing extra money to meet extraordinary expense (usually war) gave a good return. But this set a dangerous precedent. Because the government can now foresee a source of revenue it doesn't build up reserves. It effectively passes the buck to the next generation to pay the lenders back. However, that generation will adopt the same attitude; and so the debt grows. Smith then proceeds at some length to itemize the various devices by which the debt is funded.

Despite the ingenuity of these devices, bankruptcy, when the revenues are insufficient to pay off the interest, let alone the capital, on past loans, is the ultimate consequence. This, Smith notes, is often 'disguised' by manipulation of the value of the currency. However, this manipulation only aggravates the situation. By undermining the value of money it extends the 'calamity' to more innocent people (*WN* 932–3). He thinks it a vain hope to expect the public debt ever to be paid back. At best it can be reduced by increasing public revenues (such as a more equal land tax, increased excise duties, and a greater contribution from the colonies) and/or reducing public expenditure, such as removing the various distorting subsidies in order to reap the benefits of more productive trade and thus taxable wealth. To this day these options (borrow/increase taxes/ reduce expenditure) are how governments have to meet their commitments.

In summary

The *Wealth of Nations* is a justly celebrated book in the history of economics or the study of how an economy works. It combines a comprehensive reach with a systematic analysis. Perhaps above all, the justification for Smith's renown lies in his Newtonian achievement of reducing complexity to simplicity. Economic behaviour and institutions are not random or chaotic but can be systematized and understood as the product of a few principles. In the way that the *Moral Sentiments* gives an account of how humans make moral decisions so the *Wealth of Nations* gives an account of how modern economies work. Both accounts rely on some universal principles identified in a 'science of human nature'.

In the *Wealth of Nations* pride of place among these principles goes to the self-interested hope of everyone to better their own condition. But, equally significantly, that hope embodies the moral principle that everyone is free. Slavery is not only an economically unproductive system it is also 'bad' (*LJ* 453). On the bases of self-interest and freedom Smith built his most characteristic economic doctrines. Free trade is the best way to stimulate economic growth and thus increase the wealth of nations; individuals are the best judges of their own interests; and the outcomes of particular exchanges redound unintentionally to the general benefit. In the last analysis what really counts is that human life is made better as the 'miserable poverty' of the savage nations, as depicted in his Introduction, is left behind, and the twin blessings of opulence and freedom are experienced.

Although Smith's foundational importance is now unquestioned that was not inevitable, his legacy was not straightforward.

Chapter 7
Legacy and reputation

An image of Adam Smith appears on a Bank of England £20 note. The very fact that Smith is represented, and in that context, is a legacy of sorts. But it is doubtful if most users of that note, even if they pay any attention to the image, will be any the wiser as to who he is. If Adam Smith is known at all, it is very likely in the context of the 'free-market economics' of Thatcherism and Reaganomics. For some, this is a commendation; for others, guilt by association. Beyond token name-dropping, matters become more complicated. There is 'Smith' the icon and 'Smith' the thinker. These are not disconnected but the reason why his thought has been culturally or ideologically co-opted is down to contemporary political arguments not intellectual impact. Thatcherism was a reaction to the prevalent politics in Britain and Reaganomics was a weapon in the Cold War. In both cases they thought the 'free market' and a non-interventionist government were the tools for the job. Adam Smith enters the picture as the thinker who originally forged those tools. As a consequence he was co-opted to provide intellectual credentials or pedigree. Despite the opportunistic character of this co-option it is not totally fanciful.

The *Wealth of Nations* today

Similar to other iconic thinkers, like (say) Karl Marx or Sigmund Freud, Smith's work is invoked more than it is read. This is also largely true of contemporary economics, the discipline with which Smith is, and always will be, indelibly associated. But the subject has changed dramatically. One marker of that change is its lack of interest in its own history. For example, the books on economics and microeconomics in this series mention Smith only once. One consequence of this change is that any attempt to view the *Wealth of Nations* through the lens of contemporary economic theory is of comparatively little value. The prevailing orthodoxy is heavily technical with sophisticated mathematical formulae working from a simplified and abstract 'model' of human rationality. Nowhere does Smith use statistics or other quantitative methods (he says at one point in the *Wealth of Nations* that he has 'no great faith in political arithmetic' (*WN* 534)) and his writings across their range, including the *Wealth of Nations*, provide a complex account of how humans behave.

Why then is Smith ritually referred to as the 'father of economics'? When this epithet was first applied is unclear but the sentiment is present in the late 19th century in the judgment of Alfred Marshall (the leading British economist of that era). According to Marshall, the *Wealth of Nations* was 'the greatest step that economics has ever taken' because it combined a breadth of knowledge alongside balanced judgment. Smith owes his attributed paternalistic status to the fact that his guiding principles remain foundational. This has to be at the level of 'principles' because, of course, the world of 1776 is very different from that of the 21st century.

These principles are few but fundamental. They include the commitment to 'natural liberty' where 'everyman' is 'left perfectly free to pursue his own interest his own way', with its corollary that the 'sovereign is completely discharged' from the 'duty of superintending the industry of private people', which is just as well since executing any such obligation is beyond any 'human wisdom or knowledge'. Also included in these fundamental principles is Smith's basic contention that the job of government is properly limited to the tasks of external defence, internal order, and the provision of 'public works', together with his judgment that the pursuit of their own interests by individuals will generally produce a superior outcome than one emanating from some pre-designed outcome. These principles are central to the 'free market model' that Thatcher and Reagan took up in pursuit of their own agendas. The intellectual ballast for this model was not directly provided by Smith but by economists associated with the 'New Right'.

Craig Smith has neatly divided Smith's legacy on the 'New Right' into three streams. The 'Chicago' represented by Milton Friedman, the 'Virginia' represented by James Buchanan, and the 'Austrian' represented by Friedrich Hayek. All three representatives received the Nobel Prize in Economics. Friedman's 'Smith' is the one who emphasizes natural liberty and the benefits that come from individuals being left to pursue their own interests, and he quotes the 'invisible hand' in support. Buchanan's 'Smith' is the thinker who was distrustful of government and who appreciated the need for a legal framework. Of the three Hayek is the one who not only knows most about Smith but also has been his most influential exponent. Hayek's 'Smith' is above all the philosopher of what Hayek calls 'classical liberalism'. His Smith recognized the limits of individual rationality, realized that social order comes about spontaneously, and thus provided the basis of all critiques of planned or managed economies. Hayek's most famous book, *The Road to Serfdom* (published in 1944), is the one above all others that reputedly supplied the intellectual basis for Thatcherism and Reaganomics. But, while this helps explain the popular image of Smith today, it is still partial or incomplete.

This is appreciated by some modern-day economists. Despite the apparent gulf between Smith's methods and assumptions and those adopted by mainstream contemporary economics, bridges across it do exist. Two in particular are worth a look, each also represented by a Nobel laureate in economics and who pays attention both to the *Moral Sentiments* and to the *Wealth of Nations*.

The first bridge is the growth of behavioural and experimental economics. Vernon Smith, one of its leading figures, has openly and fulsomely praised his namesake. This type of economics is less concerned with what in theory humans should as rational actors predictably do to achieve their goals (or, in the jargon, maximize their utility) than how they actually behave. In order to gauge behaviour, experimental economists devise a variety of scenarios or 'games'. The 'dictator game', for example, gives one player $10 as long as some of it is given to another player. According to the mainstream account, $1 would be offered and accepted, because $1 is better than none. However, when played that is not the result; a low offer is often spurned. It is in an attempt to explain that result that the interactions outlined in the *Moral Sentiments*, such as the desire for approval, have seemed pertinent.

The second bridge is built by Amartya Sen. He has written an introduction to a recent popular edition of the *Theory of Moral Sentiments*, and his own economic thinking criticizes what he sees as the narrowness of the prevalent orthodoxy, especially its account of rationality. As Sen interprets him, Smith's emphasis is on the imperfections of markets not their theoretical perfection derived from allowing the invisible hand to operate. More positively Sen detects in Smith a serious concern with the effects of poverty and deprivation, and sees Smith as a forerunner of his own 'capabilities' approach that focuses on the actual ability of people to make effective choices about how they want to live their lives.

But the fact that current distinguished economists differ over Smith's message is not novel. Ever since the *Wealth of Nations* was published it has been interpreted differently.

The history of the *Wealth of Nations*

The book was rapidly translated—it appeared in Danish, French (twice), and German (twice), all before Smith's death in 1790.

The initial reception in Scotland was enthusiastic. Hume, who read it shortly before his death, exclaimed his delight, and others reproduced Smith's arguments (including his 'trivial' example of pin-making and his worries about the effects on the pin-makers). Although, it is an exaggeration to claim that the *Wealth of Nations* made an immediate impact or that the book penetrated deeply into the reading public, there is no denying that Smithian principles did percolate into the political/policy sphere.

Prime minister William Pitt in a 1792 speech declared that it is only in the *Wealth of Nations* that an explanation has been given as to how capital will accumulate when not obstructed by some 'mistaken or mischievous policy'; and he continued to remark that it is Smith who has furnished the 'best solution to every question connected with the history of commerce or systems of political economy'.

But even then the divergence in his legacy was already evident. In contrast to Pitt's view, Samuel Whitbread cited Smith in parliament in 1795 in support of a bill for minimum wage legislation. Whitbread was not alone and Smith's work was rapidly taken up by other 'radicals'. Thomas Paine, for example, commended Smith's views on banks in an argument about the role of the Bank of North America. One effect of this adoption was that in the early 19th century Smith was criticized from the Right. A case point is the 19th-century dispute over the Corn Laws, which deliberately restricted imports of food and grain to keep grain prices high and thus favour domestic producers. Smith was quoted by those who wished to repeal these laws, while the repeal was resisted by the landed aristocrats. It was only much later in that century that he was criticized from the Left because he had by then become associated with the glorification of competition and self-interest. This has persisted. For example, the influential British historian, E. P. Thompson, in 1971, identified Smith as an exponent of the 'new political economy', whereby, in a nice phrase, the economy was 'disinfected of moral imperatives'.

Thompson is only one in a long line of critics following the lead of Karl Marx, who was Smith's most influential reader on the Left. Marx both praised and damned him. His evaluation depended on where Smith stood in the history of class conflict. Smith represents a bourgeoisie 'still struggling with the relics of feudal society'. As a representative of the rising and still revolutionary bourgeoisie, Smith could provide an insightful analysis of the old order. In this respect Marx could freely adopt and adapt a range of Smith's views, including the distinction between use and exchange value; the central importance of labour; along with the difference between its productive and unproductive forms. But for Marx, Smith's view is limited. He fails, above all, to acknowledge that his 'commercial society' is destined to be superseded by a new communist order. What Smith treats as unalterable facts about human nature, such as self-interest or competitiveness, are rather the transient products of a particular historical era. Once the bourgeoisie had gained its ascendancy (in about 1830) then, in Marx's view, Smith's 'economics' was used to justify the status quo. More particularly it was used to serve the interests of the ruling class and oppose those of the working class.

On the long view, Smith and Marx share one basic principle. They both think that labour is the key factor in explaining price and value. This is often labelled the 'classical' or objectivist view. In the late 19th century there was a fundamental shift to what Ludwig von Mises, one of its prime movers, called subjectivist economics. And here is the root of the so-called 'marginal revolution' that lies at the heart of the dominant orthodoxy.

The focus is on individual preferences not the process of production. In an often quoted remark, Lionel Robbins defined economics as 'the science which studies human behaviour as a relationship between ends and scarce means which have alternative uses'. The value of any good depends solely on a comparison with other goods. It is an expression of relative scarcity and price is the monetary expression of how much people are willing to pay.

There is nothing more. Gold, for example, is not 'valuable' because it is a particular metal or has required so much labour to extract, but because it is scarce relative to demand.

The relation between Marx and Smith throws up another aspect of the legacy of the *Wealth of Nations*. From its early translations the book was used to argue for (or against) particular policies in, among other places, Spain, Portugal, and Latin America. This same pattern has been repeated more recently in Japan and China. When Japan made the self-conscious decision to end a long period of isolation from the outside world and modernize (the 'Meiji Restoration' of 1868) Marx and Smith were the two obvious models, with both discussing the transition from a feudal to a capitalist or commercial society. Marx's model was initially more dominant and Smith tended to be read in the light of Marx's theory. But this changed, partly through the outlawing of the Communist Party and partly through the post-Second World War re-alignment toward 'the West'. On a scholarly front, this was complemented by an appreciation of Smith as the author also of *Moral Sentiments*. Japan has now become an important centre for the study of Smith (the University of Tokyo Library holds about half of Smith's own library).

In Japan, Marxism never succeeded in becoming the official ideology; in China it did. A Chinese translation of a version of the *Wealth of Nations* was published in 1901 but it was undertaken to push for internal reform rather than for pure scholarship (as was also the case earlier in Spain, for example). The real development of interest in Smith, as opposed to a Marxian gloss, had to wait until 1979 and the acknowledgement that the Marxist/Maoist model of social and economic development needed supplementing. Milton Friedman, for example, was translated in 1982. From this followed interest in Smith, so that there is now a flourishing body of academic work greatly aided by new and accurate translations. Smith himself said little about Japan (information was relatively sparse) but did make a number of comments on China. From the reports that he had read, he judged the Chinese economy to be stagnant. In line with his basic arguments, he recommended that it should open itself to foreign trade and that it needed to implement and ensure the rule of law.

The other Smith

Smith is more than an economist. He knew, thought about, and wrote on history, science, culture, as well as ethics. The legacy of the *Theory of Moral Sentiments* is far less eventful than the *Wealth of Nations*. However it was far from ignored when it first appeared. Across the Enlightenment it received a warm reception, with 18th-century translations into French and German. Although editions continued to appear periodically through the 19th century, its impact was muted. In Britain, neither of the two 19th-century mainstream philosophical approaches—Utilitarianism nor Idealism—paid it much attention.

Walter Bagehot, in a not unkind if rather patronizing essay of 1876, notes that the *Theory of Moral Sentiments* was once celebrated but is now judged to be of 'inconsiderable philosophical value' (though he also dubbed the *Wealth of Nations* an 'amusing book about old times'). A year earlier in his compendious *The Scottish Philosophy*, James McCosh, the president of Princeton, gave a reasonable overview of *The Theory of Moral Sentiments* but concluded it is more likely now to be read for its style rather than the theory it expounds. This judgment and others that were similar were echoed in other books.

One influential exception to this is H. T. Buckle. In his *History of Civilization in England* (1861), in the context of high praise of Smith's work as a whole, he floated the idea that the *Moral Sentiments* rested on sympathy, while the *Wealth of Nations* was based on the very different premise of selfishness. Buckle was popular in Germany and, as a part of that country's own internal debates, his book helped to fuel what became known as 'Das

Adam Smith Problem'. Was Smith's moral philosophy, as expressed in the *Moral Sentiments*, consistent with his economics in the *Wealth of Nations*? At stake was the acceptance of Buckle's dichotomy, whether the supposed sympathetic altruism of the *Moral Sentiments* was at odds with the supposed selfishness as the governing principle of the *Wealth of Nations*. Since it rested on misreadings of both the meaning of 'sympathy' and of 'self-love', this version has been thoroughly discredited.

The study of the *Moral Sentiments* received a fillip, thanks chiefly to the appearance of a scholarly edition in 1976 as part of the Glasgow edition of Smith's works. This matters to scholars but is hardly a development that in itself catapults Smith to wider attention. What it has done is spread the message that Smith's legacy is distorted if it represents him as the apostle of laissez-faire. A much more accurate picture of Smith's legacy is his contribution to liberalism.

Smith's liberalism

By linking Smith to liberalism more is at stake than his inspiration for the principles of the free market. That is too limited a perspective because Smith's thought is best appreciated 'as a whole'. For Smith 'economic' activity took place within society; the individuals who truck, barter, and exchange are already socialized beings. The key theme in the *Moral Sentiment* is that socialization was also necessarily a moralization. Thanks to parents, peers, and the general social environment, everyone learns how to 'fit in', how to behave acceptably. To engage in barter not only presupposes some form of communication but also some notion of fairness.

This means that for Smith economic activity does not occupy some 'ethics-free zone'. But he rejected a longstanding alternative version of a moralized economy. That account rested on a particular idea of the 'good life'. This idea relegated the role of economics. It made the moral judgment that a preoccupation with economic activity was less fulfilling than the truly or fully human activities of philosophy or politics. The place of 'the economy' was limited to 'means' (essentially staying alive, which animals and slaves do) not the 'ends' that make a human life worth living. This version of the good life treated as potentially degrading or inferior the pursuit of material pleasures, such as the desire for a linen shirt, fresh bread, or a comfortable home. And should these morally inferior economic means become valued in their own right then this was judged a corruption or transgression of moral standards. Smith rejected that whole argument but that does not mean that he morally 'disinfected' the economy.

Just as Smith has no qualms about butchers selling their meat on the basis of their own interest nor has he anything against bankers doing their proper business on the same basis. But it would be a mistake to see this as a separation of ethics from economics. Smith did think social well-being was best advanced by individuals making their own decisions, and he was thus opposed to central attempts to direct 'the market'. However, what he really opposes is the attempt to direct individuals' activities, their 'natural liberty' to pursue their own ends in their own way, always, of course, within the constraints of acting justly. This commitment to individual liberty is itself a 'moral' position. From that vantage point, the power of the state cannot, for example, rightly or justly enforce what jobs its citizens can or cannot do, or what clothes they can or cannot wear. Smith, the Professor of Moral Philosophy (as he identifies himself on the title page of the *Wealth of Nations*), never forsakes that perspective.

The same moral argument that endorses liberty at the same time justifies actions to regulate that liberty in order to enhance the general welfare. This is why Smith does not contradict himself by seeing a proper role for government regulation. In the light of the financial crisis of 2008, an apt example of this role is his willingness to impose restraints on banks. Smith's own moralized economics can throw further light on the crisis. The financiers became so wrapped up in their own projects that they became oblivious to the weakness of their assumptions, as they enthusiastically pursued ever more elaborate ways of parcelling up debt, superstitiously following mathematical formulae (which most seemingly couldn't understand) that supposedly underwrote them.

Just as the mirror in which the pin-makers see themselves reflects back to them their own narrow horizons so too does that of the financial elite. They lacked critical distance to enable the moral self-reflection that would have instilled a sense of responsibility. In these 'masters of the universe' (to use Tom Wolfe's satirical expression in his novel *Bonfire of the Vanities*) the human propensity always to over-value the chances of gain and under-value those of loss was given free rein. Smith says this propensity explains the success of lotteries; and what the bankers did, it might be said, was play a lottery with money they didn't have. Or, at the very least, their calculations of risk were misjudged due to their self-enclosed environment, which also included the supposed regulators and credit-rating agencies.

These elaborate financial manoeuvres are far-removed from anything Smith could have contemplated. But the underlying psychology and dynamics remain. His cool opinion of joint-stock companies bears this out. He judged that this now prevalent form of economic ownership had definite downsides. In particular, because the directors of these companies managed other people's money, and not their own, they tended to be negligent and exempted themselves from close scrutiny by the share-holders.

The fact that Smith never severs ethics from economics gives a distinct tone to his legacy for subsequent liberal thought. Liberalism is a mansion with many rooms. Smith's chamber has a commitment to equality. Everyone is equal under the law. This is consistent with the fact that some will inevitably be wealthier than others. But it is inconsistent with distinctions or privileges based on birth or inherited rank. He is committed to equal liberty and equal respect—to which the porter just as much as the professor is entitled. Everyone should be free to make their own way in the world. Public authorities should respect that freedom and not presume to steer that personal itinerary on the specious grounds that they know better.

For Smith, individual liberty is not the only principle or moral value. It is less valuable in its own right than for what it makes possible. This follows from his moral theory. Individuals are social beings. Unlike some other rooms in the house of liberalism, individuals in Smith's chamber are not separate beings whose behaviour can be understood independently of their social environment or who possess 'natural rights' outside a network of social obligations. For Smith what is valuable about liberty is that it makes possible the greater public good. This 'good' is not about perfection. Smith does not envisage a society within which all is sweetness and light. He is not in the business of drawing up a blueprint for a 'godly city' or a 'land of virtue and wisdom'. Smith's 'good' is more down to earth.

For him the true public good (the real wealth of nations) lies in the world of material well-being. Consumption is the purpose of production. To consume more and better goods is to enjoy opulence, which, as he said in his Glasgow classroom, is a blessing. This is most effectively obtained through humans acting on their own judgment of their interests. But these interests are not merely self-serving. As the opening sentence of the *Moral Sentiments* stated, humans 'as a principle of their nature' incorporate disinterestedly the well-being of others (*TMS* 9). And yet, as his work strived to establish, that is not to reject on moral grounds the role of the pursuit of one's own self-determined best interests.

The business of 'economics'—the organizing framework for the provision of the wherewithal for living—is of itself valuable. Carrying out that business is a worthwhile task. It matters that humans can live lives not dragged down by miserable poverty. It is a noble endeavour to lift humans from penury. The endeavour itself is set within a framework of moral values such as justice, humanity, probity, and law-abidingness. They, along with the desire for praise-worthiness, underwrite the actual operation of the rule of law; the bulwark of liberty. Liberty like opulence is a blessing.

It is in this conjunction of opulence and liberty that Smith's legacy lies.

References

Chapter 1: Life and times

Biographical

'Oxford teaching' *WN* 761.

'great applause' quoted in W. R. Scott, *Adam Smith as Student and Professor* (Glasgow: Jackson, 1937), p. 187.

Scotland

'one of the most stupendous works' quoted in the entry for the parish of the barony of Glasgow in *The Statistical Account of Scotland*, ed. J. Sinclair (Edinburgh, 1791–9).

'Ayr bank' *WN* 313–15.

The Enlightenment

P. Gay, *The Enlightenment* (London: Weidenfeld and Nicholson, 1966), p. 4.

'Rousseau's *Discourse*' *EPS* 250–4.

'Jean Calas' *TMS* 120.

J. Millar, *An Historical View of the English Government*, ed. M. Salber Phillips and D. Smith (Indianapolis: Liberty Press, 2006), p. 404.

Chapter 2: Communication and imagination

Language

'any or all trees' *CL* 205.

'Latin is an older language' *CL* 204.

'in a single word' *CL* 216.
'replace the genitive case in a declension' *CL* 220.
'reference to this work' *Life* 293.

Association

'polytheism in the *Moral Sentiments*' *TMS* 164.
'the world around them' *HA* 50.
'advantage from its discoveries' *HA* 51.
'whether a polyp was an animal' *HA* 38.
H. Thayer (ed.), *Newton's Philosophy of Nature: Selections from his Writings* (New York: Hafner, 1953) p. 3.

Chapter 3: Sympathetic spectators

Empiricism

T. Hobbes, *Leviathan*, ed. R. Tuck (Cambridge: Cambridge University Press, 1991), chs 6, 16, 17.
A. Cooper (3rd Lord) Shaftesbury, *Characteristics* (London: Grant Richards, 1900), 2 vols: I, p. 262.
B. Mandeville, *Fable of the Bees*, ed. F. Kaye (Indianapolis: Liberty Press 1988), 2 vols: I, pp. 51, 324.

Hutcheson

F. Hutcheson, *Philosophical Works*, ed. R. Downie (London: Everyman Library, 1994), pp. 71, 109, 135, 88, 99.
F. Hutcheson, *On the Passions and Affections* (London: 1728), p. 24.

Sympathy

D. Hume, *A Treatise of Human Nature*, ed. D. Norton (Oxford: Oxford University Press, 2002), p. 579.
F. Hutcheson, *Philosophical Works*, ed. R. Downie (London: Everyman Library, 1994), p. 199.

Impartial spectator

'punishment in another life' *TMS* 91.

Relativism

'merchants who want to restrict trade' *TMS* 54.
'mind-numbing work' *WN* 782.

Chapter 4: Living virtuously

'the sentiment of resentment' *TMS* 79.

Justice

'so severe a punishment' *TMS* 90.

Benevolence

'fellow-citizens' *TMS* 219.
'more expansive views or arguments' *TMS* 269.

Invisible hand

'invisible hand in *Astronomy*' *HA* 49.
'baubles and trinkets' *TMS* 181–3.

Ranks

'virtue and fortune happily coincide' *TMS* 55, 63.
'oppressive power of the aristocracy' *WN* 944.

Prudence

'diminishes their humanity' *TMS* 206.
'found to the highest degree' *TMS* 153.

Chapter 5: Making and working

'modern economic thinking' R. Thaler, *Misbehaving: The Making of Behavioral Economics* (Norton: New York, 2015), p. 7.
D. Hume, *Political Discourses* (1752), in E. Miller (ed.), *Essays: Moral, Political and Literary* (Indianapolis: Liberty Press, 1987).
R. Cantillon, *Essai sur la nature du commerce en général* (1755), trans. A. Murphy (Indianapolis: Liberty Press, 2015).

Stages

P. Lafitau, *Moeurs des Savages Ameriquains, comparées aux Moeurs des Premiers Temps* (Paris, 1724), 2 vols.
Tacitus, *Germania* (London: Loeb Library, 1914).
'four types of society' *LJ* 14–16.

The division of labour

'strongest of human desires' *TMS* 336.
'coarse woollen coat' *WN* 22–3.

Labour, price, and value

'sugar and so on' *WN* 38.
'commanding the labour' *WN* 65.
K. Marx, *Capital*, Vol. 1 (1857), ed. F. Engels (New York: International Publishers, 1967), p. 81n.

'most important in the whole book' *WN* 660.
'church, law and medicine' *WN* 331.

Rent

'example of kelp' *WN* 161.
'developed infrastructure' *WN* 163.

Social orders

'each order deficient' *WN* 265–6.

Chapter 6: Trading and spending

Mercantile politics

'core objective of mercantile system' *WN* 429, 452, 471.

Free trade

'cheaper claret' *WN* 458.
'attention paid to corn' *WN* 524–6.

Natural liberty

'womb to the grave' *WN* 341.
'distrust politicians' *WN* 456.
'bank regulations' *WN* 324.
'legal rate of interest' *WN* 357.
'import tax' *WN* 465.

Government

'restrict market in land' *WN* 384.
'on what they please' *WN* 152.

Public works

'roads etc.' *WN* 724.
'education proper duty' *WN* 824.
'Oxford university' *WN* 760.
'recommendations are vague' *WN* 698–9.
'is questionable' *WN* 786.

Tax

'four maxims' *WN* 825.
D. Hume, 'Of Refinement of Arts', in E. Miller (ed.), *Essays: Moral, Political and Literary* (Indianapolis: Liberty Press, 1987).
'nation of shopkeepers' *WN* 613.

'American representation' *WN* 617.
'ambition of its leaders' *WN* 624.

Debt

'dead into active stock' *LJ* 379, *WN* 321.
'Ayr bank' *WN* 313.
D. Hume, 'Of Public Credit', in E. Miller (ed.), *Essays: Moral, Political and Literary* (Indianapolis: Liberty Press, 1987).
'ingenuity of these devices' *WN* 911.
'opulence and freedom' *LJ* 185.

Chapter 7: Legacy and reputation

A. Marshall, *Principles of Economics* (London: Macmillan, 1890), p. 55.
C. Smith, 'Adam Smith and the New Right', in C. Berry, M. P. Paganelli, and C. Smith (eds), *The Oxford Handbook of Adam Smith* (Oxford: Oxford University Press, 2013) (with references to the writings of Friedman, Buchanan, and Hayek).
V. Smith, 'The Two Faces of Adam Smith', *Southern Economic Journal* 65 (1998) 1–19 (and several other publications).
A. Sen, 'Use and Abuses of Adam Smith', *History of Political Economy* 43 (2011) 257–71 (and several other publications).
S. Whitbread quoted in E. Rothschild, 'Adam Smith and Conservative Economics', *Economic History Review* 45 (1992) 74–96.
T. Paine quoted in J. Keane, *Tom Paine: A Political Life* (London: Bloomsbury, 1995), pp. 257–8.
E. P. Thompson, *Customs in Common* (London: Merlin Press, 1991), p. 201.
K. Marx, *Poverty of Philosophy* (London: Martin Lawrence, n.d.), p. 105.
L. von Mises, *Human Action* (London: Hodge, 1949), p. 3.
L. Robbins, *An Essay on the Nature and Significance of Economic Science*, 2nd edn (Macmillan: London, 1948), pp. 16, 55.
'China stagnant' *WN* 111–12.
'China open to trade' *WN* 89–90.
'China rule of law' *WN* 680.
W. Bagehot, 'Adam Smith as a Person', in N. St-J. Sevas (ed.), *Bagehot's Historical Essays* (Garden City, NY: Anchor Doubleday, 1965), pp. 91, 101.

J. McCosh, *The Scottish Philosophy* (London: Macmillan, 1875), p. 170.

H. T. Buckle, *History of Civilization in England*, 3 vols. (London: Grant Richards, 1861), vol. III, p. 314.

Liberalism

'the success of lotteries' *WN* 125.
'opinion of joint-stock companies' *WN* 641.
'consumption is the purpose of production' *WN* 660.
'opulence is a blessing' *LJ* 185.

Further reading

The best way initially to approach Smith is by consulting a collection of commentaries. These cover the full scope of his work.

C. J. Berry, M. P. Paganelli, and C. Smith (eds), *Oxford Handbook of Adam Smith* (Oxford: Oxford University Press, 2013 (paperback 2016)).

K. Haakonssen (ed.), *The Cambridge Companion to Adam Smith* (Cambridge: Cambridge University Press, 2006).

R. Hanley (ed.), *Adam Smith: His Life, Thought and Legacy* (Princeton: Princeton University Press, 2016).

For a survey of recent writing, see M. P. Paganelli, 'Recent Engagements with Adam Smith and the Scottish Enlightenment', *History of Political Economy*, vol. 47 (2015).

A. Skinner and T. Wilson (eds), *Essays on Adam Smith* (Oxford: Clarendon Press, 1975).

J. Young (ed.), *The Elgar Companion to Adam Smith* (Cheltenham: Edward Elgar, 2009).

Chapter 1: Life and times

Biographies

J. Buchan, *Adam Smith and the Pursuit of Perfect Liberty* (London: Profile Books, 2006) (US edition title, *The Authentic Adam Smith: His Life and Ideas* (New York: Norton, 2006)). A brief accessible introduction.

N. Phillipson, *Adam Smith: An Enlightened Life* (London: Allen Lane, 2010). A more specialized discussion that focuses on Smith's intellectual development and sources.
I. Ross, *The Life of Adam Smith* (2nd edn) (Oxford: Oxford University Press, 2010). A full-scale treatment.

Scottish Enlightenment

C. J. Berry, *The Social Theory of the Scottish Enlightenment* (Edinburgh: Edinburgh University Press, 1997 (paperback)). A comprehensive treatment that locates Smith's thought alongside his compatriots.
C. J. Berry, *The Idea of a Commercial Society in the Scottish Enlightenment* (Edinburgh: Edinburgh University Press, 2013 (paperback 2015)). A work that takes its cue from Smith but also discusses other thinkers.
A. Broadie, *The Scottish Enlightenment* (Edinburgh: Birlinn, 2001). A reliable, readable overview.
A. Broadie and C. Smith (eds), *The Cambridge Companion to the Scottish Enlightenment*, 2nd edn (Cambridge: Cambridge University Press, 2018). Covers all aspects.

For the general Scottish background

E. Foyster and C. Whately (eds), *A History of Everyday Life in Scotland, 1600–1800* (Edinburgh: Edinburgh University Press, 2010 (paperback)). Essays on general aspects of social history.
B. Lenman, *Enlightenment and Change* (Edinburgh: Edinburgh University Press, 2009 (paperback)). Focus on economic development.
C. Smout, *A History of the Scottish People, 1560–1830* (London: Collins, 1969). A social history now established as a classic account.

Chapter 2: Communication and imagination

On language

H. Aarsleff, 'The Tradition of Condillac', in H. Hymes (ed.), *Studies on the History of Linguistics* (Bloomington: Indiana University Press, 1974). The best overview of the 18th-century debate.
C. J. Berry, 'Smith's "Considerations"', *Journal of the History of Ideas* 35 (1974), reprinted in C. J. Berry *Essays on Hume, Smith and the Scottish Enlightenment* (Edinburgh: Edinburgh University Press, 2018). Offers a comparative view.

S. K. Land, 'Smith's "Considerations"', *Journal of the History of Ideas* 38 (1977). An analytical treatment of Smith's argument.

On science/astronomy

C. J. Berry, 'Smith and Science', in K. Haakonssen (ed.), *The Cambridge Companion to Adam Smith*, reprinted in C. J. Berry, *Essays on Hume, Smith and the Scottish Enlightenment* (Edinburgh: Edinburgh University Press, 2018). Analyses HA and relates it to Smith as a social scientist.

K. Kim, 'Adam Smith's "History of Astronomy" and View of Science', *Cambridge Journal of Economics* 36 (2012). Explores the links with Newton.

On rhetoric

S. McKenna, *Adam Smith: The Rhetoric of Propriety* (Albany: SUNY Press, 2006). The only full-length treatment.

Chapter 3: Sympathetic spectators and Chapter 4: Living virtuously

D. Raphael, *The Impartial Spectator* (Oxford: Oxford University Press, 1975 (paperback)). An accessible introduction by one of the editors of the definitive edition of *TMS*.

More advanced works

T. Campbell, *Adam Smith's Science of Morals* (London: Allen Unwin, 1971). Sees *TMS* as an early exercise in social science.

F. Forman-Barzilai, *Adam Smith and the Circles of Sympathy* (Cambridge: Cambridge University Press, 2010). Explores tensions in Smith's ethics with references to recent debates.

C. Griswold, *Adam Smith and the Virtues of Enlightenment* (Cambridge: Cambridge University Press, 1999 (paperback)). A philosophically sophisticated work that provides careful detailed analysis.

R. Hanley, *Adam Smith and the Character of Virtue* (Cambridge: Cambridge University Press, 2009). A focused analysis suitable for readers with familiarity with moral philosophy.

P. Oslington (ed.), *Adam Smith as a Theologian* (London: Routledge, 2011). A series of essays that argue that Smith's thought is underpinned by a commitment to religious belief.

J. Otteson, *Adam Smith's Marketplace of Life* (Cambridge: Cambridge University Press, 2002 (paperback)). Draws systematic parallels between *TMS* and *WN*.

Chapter 5: Making and working and Chapter 6: Trading and spending

J. Evensky, *Adam Smith's 'Wealth of Nations'* (Cambridge: Cambridge University Press, 2015 (paperback)). A careful, accessible, systematic non-technical treatment.

G. Kennedy, *Adam Smith* (in the 'Great Thinkers in Economics' series) (Basingstoke: Palgrave, 2005). Clear overview.

More advanced discussions

T. Aspromourgos, *The Science of Wealth: Adam Smith and the Framing of Political Economy* (London: Routledge, 2009). Suitable for those with some prior knowledge of economics.

S. Fleischacker, *A Philosophical Companion to the 'Wealth of Nations'* (Princeton: Princeton University Press, 2004). Puts *WN* into a wider perspective.

S. Hollander, *The Economics of Adam Smith* (Toronto: Toronto University Press 1973). Thoroughgoing classical discussion.

Complementary works that range beyond the *Wealth of Nations*

M. Hill and W. Montag, *The Other Adam Smith* (Stanford: Stanford University Press, 2015 (paperback)). A deeply critical account but not an 'easy read'.

L. Montes, *Adam Smith in Context* (Basingstoke: Macmillan, 2004). Deals with selected topics, with an emphasis on sympathy.

D. Rasmussen, *The Problems and Promise of Commercial Society* (University Park: Pennsylvania Sate University Press, 2008 (paperback)). A systematic comparison of Smith and Rousseau.

E. Schliesser, *Adam Smith: Systematic Philosopher and Public Thinker* (Oxford: Oxford University Press, 2017). A wide-ranging account that brings out interconnections across the range of Smith's thought but most suitable for those with prior acquaintance with Smith's works.

A. Skinner, *A System of Social Science: Papers on Adam Smith* (Oxford: Oxford University Press, 1996). A collection of previously published works that covers many aspects of Smith by one of the editors of the definitive modern edition of *WN*.

C. Smith, *Adam Smith's Political Philosophy* (London: Routledge, 2006 (paperback)). Uses the idea of 'spontaneous order' as a motif and compares Smith's notion to later usages.

D. Winch, *Adam Smith's Politics* (Cambridge: Cambridge University Press, 1978 (paperback)). Focuses on Smith as an 18th-century thinker and is opposed to anachronistic accounts.

J. Young, *Economics as a Moral Science: The Political Economy of Adam Smith* (Cheltenham: Edward Elgar, 1997). Clearly written and argues for the unity of Smith's thought.

Chapter 7: Legacy and reputation

All histories of economics discuss Smith

R. Meek, *Smith, Marx and After* (London: Chapman & Hall, 1977). A collection of essays by the chief editor of the Glasgow edition of *LJ*.

M. Milgate and S. Stimson, *After Adam Smith: A Century of Transformation in Politics and Political Economy* (Princeton: Princeton University Press, 2009). Takes the view that economics took a wrong turn after Smith.

A. Sandmo, *Economics Evolving: A History of Economic Thought* (Princeton: Princeton University Press, 2011). Usefully and clearly discusses both predecessors and successors of Smith.

More generally

J. Hall, *Liberalism* (London: Paladin, 1987 (paperback)). A readable overview from the 18th century to the present day but in which Smith is a significant presence.

I. MacLean, *Adam Smith, Radical and Egalitarian: An Interpretation for the 21st Century* (Edinburgh: Edinburgh University Press, 2006). The title says it all.

J. Muller, *Adam Smith in His Time and Ours* (Princeton: Princeton University Press, 1993 (paperback)). Fluent account with observations on the legacy and its applicability.

“牛津通识读本”已出书目

古典哲学的趣味
人生的意义
文学理论入门
大众经济学
历史之源
设计，无处不在
生活中的心理学
政治的历史与边界
哲学的思与惑
资本主义
美国总统制
海德格尔
我们时代的伦理学
卡夫卡是谁
考古学的过去与未来
天文学简史
社会学的意识
康德
尼采
亚里士多德的世界
西方艺术新论
全球化面面观
简明逻辑学
法哲学：价值与事实
政治哲学与幸福根基
选择理论
后殖民主义与世界格局
福柯
缤纷的语言学
达达和超现实主义
佛学概论
维特根斯坦与哲学
科学哲学
印度哲学祛魅
克尔凯郭尔
科学革命
广告
数学
叔本华
笛卡尔
基督教神学
犹太人与犹太教
现代日本
罗兰·巴特
马基雅维里
全球经济史
进化
性存在
量子理论
牛顿新传
国际移民
哈贝马斯
医学伦理
黑格尔
地球
记忆
法律
中国文学
托克维尔
休谟
分子
法国大革命
民族主义
科幻作品
罗素
美国政党与选举
美国最高法院
纪录片
大萧条与罗斯福新政
领导力
无神论
罗马共和国
美国国会
民主
英格兰文学
现代主义
网络
自闭症
德里达
浪漫主义
批判理论

德国文学
戏剧
腐败
医事法
癌症
植物
法语文学
微观经济学
湖泊
拜占庭
司法心理学
发展
农业
特洛伊战争
巴比伦尼亚
河流
战争与技术
品牌学
数学简史
物理学
行为经济学
计算机科学
儒家思想

儿童心理学
时装
现代拉丁美洲文学
卢梭
隐私
电影音乐
抑郁症
传染病
希腊化时代
知识
环境伦理学
美国革命
元素周期表
人口学
社会心理学
动物
项目管理
美学
管理学
卫星
国际法
计算机
亚当 · 斯密

电影
俄罗斯文学
古典文学
大数据
洛克
幸福
免疫系统
银行学
景观设计学
神圣罗马帝国
大流行病
亚历山大大帝
气候
第二次世界大战
中世纪
工业革命
传记
公共管理
社会语言学
物质
学习
化学